GUIDE
DE L'ÉTRANGER
DANS LA VILLE
DE BOURGES.

Orléans, — Vierzon, — Bourges.

ITINÉRAIRE

DU VOYAGEUR

SUR LE CHEMIN DE FER

d'Orléans à Bourges,

ORNÉ D'UNE CARTE ILLUSTRÉE

DES CHEMINS DE FER

De Paris à Orléans, Tours, Vierzon et Bourges.

Prix : 50 centimes.

A BOURGES, chez VERMEIL ;

A ORLÉANS, chez Alphonse GATINEAU,

éditeur des Panoramas de la Loire.

GUIDE

DE L'ÉTRANGER

DANS LA VILLE

DE BOURGES.

BOURGES,
LIBRAIRIE DE VERMEIL, ÉDITEUR,
AU GRAND BOURDALOUE.

1848.

Toutes les villes sont loin de présenter, au point de vue de l'histoire et de l'art, le même degré d'intérêt; mais toutes, à peu d'exceptions près, ont une physionomie particulière, un cachet spécial, qu'il est curieux d'étudier.

Bourges aussi a son aspect qu'on ne trouve pas ailleurs. Ville de tradition jusqu'à présent, elle a gardé, dans les grands remuements des deux derniers siècles, une incontestable originalité par laquelle elle semble protester contre le nivellement uniforme de quelques cités plus modernes. Cet intérêt venant s'attacher à un nom que l'histoire, à diverses reprises, s'est chargée de célébrer, ne permet plus le dédain à son égard.

D'ailleurs, par sa position, Bourges se trouve destiné à être le point de jonction des chemins qui font communiquer Lyon, Paris et Toulouse; par sa nouvelle voie de fer, il devient le rendez-vous général du nord, de l'ouest et du midi ; il appelle à lui l'étranger qui, auparavant, passait insoucieux sous ses murs et négligeait de s'enquérir de ce qu'il pouvait renfermer de trésors en son sein.

Ces considérations, et l'importance nouvelle que la capitale du Berry tend chaque jour à acquérir, faisaient un devoir à ceux qui la connaissent de la raconter, de la révéler, pour ainsi dire, à ceux qui ne la connaissent pas. On a écrit souvent sur cette ville ; mais l'étranger n'a pas le temps de parcourir une bibliothèque pour prendre connaissance d'une localité. Ce qu'il lui faut, c'est un guide qui le prenne par la main, le conduise à travers les rues ; l'arrête devant les principaux monuments, l'y introduise et lui en raconte l'histoire ; qui lui fasse, en un mot, connaître ce que la ville présente de remarquable. C'est ce travail que nous avons entrepris. — Le seul but de ce petit livre est donc celui d'être un *Cicerone* exact et complet, autant du moins que possible.

NOTICE HISTORIQUE

SUR

LA VILLE DE BOURGES.

NOTICE HISTORIQUE

SUR

LA VILLE DE BOURGES.

BOURGES, l'*Avarich* des Gaulois, l'*Avaricum* des Romains, l'antique cité des *Bituriges Cubi*, et qui est aujourd'hui le chef-lieu du département du Cher, était, avant la révolution de 1789, la capitale de la province du Berry, laquelle se composait des départements de l'Indre et du Cher.

Il n'y a plus de traces du premier Avarich, détruit en partie pendant la guerre de l'indépendance gauloise; mais les vestiges de la ville gallo-romaine qui la remplaça se voient encore de toutes parts. Avaricum était situé sur une colline, baignée à l'ouest par l'Auron. La ville qui lui a succédé s'étend sur un plateau que bornent des deux côtés les rivières d'Yèvre et d'Auron. Elle est entourée de marais, restes de ceux qui l'environnaient presque de toutes parts avant les règnes de Charlemagne et de Charles-le-Chauve. Cette position au milieu des eaux paraît avoir donné naissance au nom qu'elle portait antérieurement à l'invasion romaine. *Avarich*, en effet, semble formé du radical *av* (eau) et de l'adjectif *rich* (riche). Quant à son nom actuel, il dérive évidemment du nom primitif des habitants de la province (*Bituriges*), lequel finit par l'emporter sur le nom de la ville elle-même. Ce fut au IIe siècle qu'elle prit le nom de *Biturica*. Ce nom devint successivement *Betorega*, *Beoregas*, *Biorgas* et enfin *Bohorges* modifié par le temps en celui de Bourges.

Elle a deux enceintes, dans lesquelles on compte encore plus de soixante tours. La deuxième, qui remonte au IXe siècle, a été depuis long-temps débordée par les constructions nouvelles qui ont formé des faubourgs au-delà des deux rivières. Bourges s'étage élégamment en amphithéâtre, et son aspect, pour le voyageur qui arrive, est assez gracieux. Mais, lorsqu'on est parvenu dans l'intérieur, on s'engage dans des rues tortueuses qu'encaissent des maisons de bois qui datent de plusieurs siècles. — Pour répondre à cet aspect général, le calme le plus profond y règne. Le défaut de commerce, d'industrie et d'écoles, qui attirent d'ordinaire les étrangers, contribuent à entretenir dans son engourdissement une population ruinée par des désastres et des incendies terribles. En effet tout nous retrace une destinée autrefois brillante pour ce pays aujourd'hui si terne. Demi-pasteur, demi-guerrier comme tous les Celtes, le peuple biturige se montra de bonne heure industrieux; il se fit remarquer également par ses troupeaux et par ses fabriques. Il travaillait la laine et le fer avec la même habileté; et, plus tard, il expédiait en grande quantité vers l'Italie le chanvre de ses champs et ses salaisons si justement estimées. Déjà, de toute antiquité, on le voit fournir à la Gaule le fer travaillé, les poteries, les vases étamés et des voiles de vaisseaux. Les Bituriges étaient donc forgerons, étameurs, tisserands ; mais ce qui a fait la gloire du Berry dans tout le moyen-âge, ce sont les produits de ses troupeaux. Jusqu'au quinzième siècle les personnes riches stipulaient dans leur contrat de mariage que les habits de noce de la future seraient en fin drap de Bourges. Au siècle dernier, cette ville était également remarquée par ses nombreuses fabriques de bonneterie et de coutellerie, dont les produits s'exportaient indifféremment dans l'ancien et le nouveau monde. En outre, jusqu'à la révolution, Bourges jouit d'une université justement célèbre en Europe, qui attirait dans son sein les hommes les plus distingués des contrées voisines. Les troubles politiques la privèrent de ses écoles, les guerres et les incendies détruisirent son industrie. Du sixième au seizième siècle, cette malheureuse cité brûla douze fois. Cependant, bien que ces fléaux produisissent chez elle d'immenses ravages, elle avait trouvé moyen de s'en relever et de s'accroître de jour en jour. Mais l'incendie désastreux de 1487 fut pour elle une cause de ruine définitive. Chassés par lui, les fabricants de draps abandonnèrent le Berry et transférèrent leurs métiers à Lyon et dans la Flandre. Depuis ce désastre, Bourges n'a pu se relever du coup qui lui fut porté alors.

Nous ferons justice des fables qui se rattachent à la fondation de cette ville de même qu'à l'origine de tous les établissements antiques, et nous passerons, sans nous y arrêter plus qu'il ne le faut, sur les assertions des historiens qui croient devoir remonter au déluge pour fixer la date de cette fondation, qu'ils attribuent indifféremment à un fils de Noé ou de Neptune. Toutefois, si nous devions tirer une induction de ces fables, qui pourraient bien n'être que l'écho affaibli d'une tradition locale, nous y trouverions peut-être l'indice d'une migration maritime de colonies orientales, lesquelles seraient venues, jusqu'au centre de la Gaule, jeter, à une époque inconnue, les fondements de ce qui fut plus tard Avarich. C'est une opinion du reste que vient confirmer une autre tradition à peu près analogue. Si l'on en croit une légende ancienne, *Avaricum* aurait été fondé par un géant étranger, qui, repoussé dans sa lutte contre les tribus voisines, aurait jeté son marteau dans les airs, choisissant la place où il tomberait pour s'y fixer et y construire une ville. S'appuyant sur ce fait un système qui présente toutes les apparences de la vérité, donne à Bourges une origine phénicienne (1) et prétend retrouver sous ce symbole l'Hercule oriental prenant possession de la terre celtique. Il ne nous appartient pas de prononcer dans cette question, seulement nous rappellerons que le marteau, attribut du dieu *Thor*, était chez les nations septentrionales de l'Europe le signe de l'envahissement, de la conquête. C'est un symbole qui appartient éminemment à la race germanique.

Avarich était la capitale des *Bituriges cubi* (Berruyers). Suivant Amédée Thierry, cette province était renfermée alors dans la presqu'île formée par l'Allier, la Loire et la Vienne. Les *Bituriges* étaient une réunion de tribus ou clans de races celtiques, selon l'opinion la plus acceptable, bien que quelques-uns, se fondant sur la terminaison du

---

1) Les Phéniciens découvrirent la Gaule au onzième siècle.

mot, veulent les rattacher à la famille Ibérienne. Leur histoire est peu connue avant l'invasion romaine qui les relia au monde méridional. — Dès l'époque la plus reculée, nous les voyons, mus par ce besoin de mouvement, habituel chez ces races barbares, se répandre au dehors en colonies. Plusieurs migrations en sortent successivement. La première a lieu environ 1600 avant J. C. Dans cette expédition, les Bituriges sont au nombre des Celtes qui franchissent les Pyrénées pour aller s'emparer d'une partie de l'Ibérie, et former par leur fusion avec les vaincus la race celtibérienne. La ville de *Bituris*, fondée dans la Navarre par une des colonies émigrantes, est un témoignage de leur participation à cet exploit. — 900 ans plus tard, les tribus des Kymris, qui se rattachaient par leur origine à celles des Galls, sont chassées des bords du Pont-Euxin par un mouvement des nations scythiques ; une de ces tribus pousse dans sa fuite jusqu'au nord de la Gaule, dont elle s'empare au détriment des Celtes qui sont refoulés jusqu'au centre, où ils se resserrent, pressés d'un côté par l'Aquitaine, tandis que du Rhin à la Loire les nouveaux venus asseoient solidement leur conquête. — Cette commotion des deux races eut pour résultat de provoquer à différentes reprises trois nouvelles migrations des Galls au dehors. Les *Bituriges* en ont la direction. Seuls d'abord, on les voit se faire jour à travers l'Aquitaine, et déposer sur les bords de la Garonne, en face de l'Océan, la colonie des *Bituriges vivisci*, qui fonderont *Burdigala* (Bordeaux). Enfin, vers la même époque, les deux chefs bituriges, Bellovèse et Sigovèse, se trouvant trop à l'étroit, prennent vers l'orient une double direction. — Après avoir franchi les Alpes, le premier s'établit en Italie dans les plaines du Pô, où il forme la Gaule Cisalpine. La troupe de Sigovèse prend la route de la forêt Hercinienne, suit le cours du Danube et descend en Grèce, d'où la bataille de Delphes la chasse dans l'Asie Mineure, dans laquelle nous en retrouvons plus tard les glorieux descendants riches et puissants sous le nom de Galates. Quoi qu'il en soit, dès cette époque, Tite Live nous apprend que les Bituriges étaient à la tête de la Confédération Celtique.

Dans la lutte de la Gaule contre César, nous rencontrons d'abord les Bituriges unis au conquérant contre les Arvernes et les Allobroges. Mais, lors de la grande coalition des tribus celtiques sous la direction de Werkingétorick, le sentiment de la nationalité prévalut, et leur capitale, Avaricum, fut, comme on le sait, un des derniers obstacles sérieux que le général romain rencontra à la soumission de la Gaule.

Pour avoir échappé aux torches des soldats de Werkingétorick, Avarich n'en fut pas mieux partagé. Tombée au pouvoir des Romains dont la politique la tint toujours au deuxième rang, cette ville ne parvint jamais à atteindre depuis son ancienne gloire. Elle était bien déchue sous les empereurs; car on ne voit pas figurer son nom sur l'autel votif que les cités de la Gaule élevèrent à l'empereur Auguste à l'embouchure du Rhône. Elle a déjà disparu de l'histoire. Par compensation, il est vrai, elle semble avoir joui alors de cette paix que le maître lui assurait à défaut de liberté.

Lors de la division impériale de la Gaule en quatre provinces, le Berry fit partie de l'Aquitaine; du reste, il fut déclaré pays libre, c'est-à-dire, ayant le droit de se gouverner par ses propres lois. — Vers la fin du V⁰ siècle (475) il passa un instant entre les mains des Wisigoths; mais la victoire de Vouglé le rangea trente ans plus tard sous la domination des Francs. Clovis légua Bourges en partage à Clodomir avec le royaume d'Orléans. — Après la mort de Clotaire I, le Berry se trouva un instant le théâtre d'une lutte sanglante entre Chilpéric et Gontran. Les armées du premier, composées d'Angevins, de Tourangeaux, de Poitevins, détruisirent une partie de la ville. La lutte n'aboutit pas, en ce sens que rien ne fut changé; et, jusqu'à l'extinction de la race Mérovingienne, nul fait bien remarquable ne signale l'existence de cette province, si ce n'est sa réunion à la couronne en 614.

L'influence du nord, au surplus, y avait été très peu sensible; et, à l'avènement de la deuxième race, toute cette contrée était encore romaine de mœurs, d'habitudes et sans doute aussi d'institutions. Ce fut à cette époque, comme on le sait, que commença l'hérédité des bénéfices, origine de la féodalité. Le comté de Berry appartenait alors à la famille des ducs d'Aquitaine, comtes d'Auvergne et de Poitiers. Après avoir soutenu des luttes du nord contre le midi de la France, de Charles Martel contre le duc Eudes, de Pépin contre Waifer, qui s'emparèrent tour à tour de la capitale, le Berry reprit sa tranquillité sous Charlemagne qui érigea l'Aquitaine en un royaume dont Bourges se trouva la métropole (781).

Toute la période qui s'écoula jusqu'au commencement du

Xe siècle fut remplie par les disputes des comtes de Bourges avec les descendants de Charlemagne, et les ravages des Normands et des Huns, jusqu'à ce que la mort de son dernier comte, Guillaume-le-Jeune, livrât la comté à la diffusion et au chaos féodal. La province se fractionne en plusieurs seigneuries. A cette époque apparaît la vicomté de Bourges.

Toutefois, malgré l'introduction du nouveau régime dans le centre de la France, le Berry, du moins ce qu'on appelait le Haut-Berry, continuait à soutenir la cause des rois de France. Aussi les premiers règnes de la troisième race, qui nous présentent des dissensions intestines de seigneurs à seigneurs, ne nous font-ils plus assister aux querelles de ses seigneurs avec le souverain. Il semblait dès cette époque prédestiné à devenir le refuge de la royauté dans ses jours de malheur. Quant au Bas-Berry, il était tout Aquitaine, et suivit la politique des Plantagenets.

Le Berry prit sa part des croisades et ne résista pas à l'enthousiasme qui entraînait l'Occident vers l'Orient. Lorsque la première Croisade y fut prêchée, le vicomte de Bourges s'associa à cette généreuse entreprise, et pour s'en faciliter les moyens, vendit sa vicomté au Roi Philippe I (1100). Cette acquisition était un premier pas de fait par la royauté vers le midi de la France. Du reste, fidèle à cet antécédent du vicomte, le Berry fut toujours représenté dans les Croisades par quelques-uns de ses chevaliers; et Bourges où fut célébré, en 1226, le concile qui décida la guerre contre les Albigeois, fut assigné aux croisés comme lieu de rendez-vous général. Ce fut encore dans ses murs que se réunit le concile de 1145, pour organiser la deuxième croisade, à laquelle saint Bernard fit une opposition si acharnée.

Henri II d'Angleterre, profitant de sa tutelle sur la jeune Denise de Déols (Bas-Berry), s'empara de toutes les terres de sa pupille. Cette invasion, qui mettait l'étranger aux portes de France, fut un sujet de troubles continuels, qui amenèrent plus d'une fois Louis-le-Jeune et Philippe-Auguste dans cette province. Dans les guerres contre les Anglais qui suivirent, juqu'à la délivrance du royaume, durant cette douloureuse période du XIVe siècle, le Berry eut cruellement à souffrir des ravages des armées ennemies. Les courses du prince Noir restèrent long-temps dans la mémoire de ses habitants : il était venu jusqu'aux portes de Bourges, et, en 1356, s'était emparé de Vierzon, qui ne revint à la France qu'en 1370. Mais ce fut aussi le temps où cette province joua le rôle le plus important, et compta le plus dans l'histoire de notre patrie. Étrange destinée, qui voulut que le cœur de la France fût deux fois le refuge d'une nationalité, à tant de siècles d'intervalles, de Werkingétorick à Charles VII, une première fois contre le midi, et l'autre contre le nord !

A cette époque, le gouvernement du Berry subit encore une transformation. En 1360, à l'occasion du mariage de Jean, son troisième fils, avec Jeanne d'Armagnac, fille aînée du comte d'Armagnac, le roi Jean lui donna en apanage cette province qui fut érigée en duché-pairie à cette occasion. Depuis ce temps, le Berry fut presque toujours l'apanage des fils de France, à charge de réversion à la couronne, en cas d'extinction d'héritiers mâles. Jean meurt sans enfants, Charles VI donne cet apanage à Jean, son deuxième fils (1401), et à sa mort, à son quatrième fils Charles, comte de Ponthieu, depuis Charles VII. — En 1461, le Berry fit partie de l'apanage du duc Charles, frère de Louis XI ; à la mort de celui-ci, à François de France, son troisième fils ; puis à Jeanne de France, sa fille puînée, femme de Louis XII. Celle-ci, connue dans le pays sous le nom de la *bonne Duchesse*, partage avec le premier duc, à qui son administration fit donner le nom de *Jean-le-Magnifique*, l'avantage d'être restée dans la mémoire des Berrichons. — En 1517, le duché fut cédé par François Ier. à Marguerite de Navarre, sa sœur. C'est à cette duchesse que la province doit la réforme et la codification de ses coutumes, laquelle donna lieu à une assemblée des états de la province en 1519. Marguerite de Savoie, sœur de Henri II, l'obtint ensuite, de 1550 à 1576 ; puis François de France, qui prit le titre de duc d'Anjou et mourut en 1584. Henri IV l'accorda en usufruit à la veuve de son prédécesseur ; après quoi, le duché fut réuni à la couronne pour ne plus s'en détacher, quoique plusieurs princes du sang aient encore porté le titre de ducs de Berry. Du reste, ce qu'il faut remarquer, c'est que, durant cette succession de ducs, il ne fut jamais l'objet de transmissions héréditaires. « Chose étrange ! dit M. Raynal (1), jusqu'à la révolution de 1789, aucun des princes qui l'obtinrent par suite de concessions personnelles ne laissa de postérité, comme si, par une loi mystérieuse, la province,

---

1) Hist. du Berry depuis les temps les plus reculés jusqu'en 1789, 4 vol. in-8°. 40 fr., chez Vermeil, à Bourges.

qui avait donné tant de preuves de sa fidélité à la couronne, n'avait jamais dû en rester long-temps détachée. »

Le traité de Brétigny suspendit les ravages des Anglais (1361); le Berry n'eut plus à se défendre que contre les routiers. Ce fut à cette époque qu'une colonie d'Écossais vint se fixer près de Bourges, dans les forêts qui devinrent plus tard le village de St-Martin-d'Auxigny.

Mais ce n'était là qu'une halte dans le sang : le roi Jean étant venu à mourir, son fils, le rusé Charles V, lui succéda. Il confisqua la Guyenne à son profit, et la guerre recommença. Le Berry en prit sa part. — Pendant la démence de Charles VI, le duc de Berry paraît toujours comme un intermédiaire entre ses frères les ducs d'Orléans et de Bourgogne, ce qui n'empêcha pas l'assassinat du premier par le second. Ce crime mit le duc Jean du parti des Orléans : et lorsque, quelques années après, la guerre éclata entre les Bourguignons et les Armagnacs, et que les partis eurent appelé l'Anglais à leur secours, les armées ennemies pénétrèrent de nouveau dans le Berry. En 1412, ils vinrent brûler les faubourgs de Bourges.

En 1414, le Dauphin, pour échapper aux entreprises de son oncle, le duc de Bourgogne, se réfugiait à Bourges. Après l'avoir quittée, il était obligé d'y revenir en 1418 pour éviter cette fois les mauvais desseins de sa mère Ysabeau de Bavière. Dans l'intervalle de ces deux voyages, son oncle le duc de Berry, *Jean-le-Magnifique*, était mort en 1416.

En 1422, Charles VI l'avait suivi dans la tombe, mais le désordre se perpétuait, et l'héritier du trône, pour se soustraire de nouveau aux machinations d'un oncle et d'une mère coupables, se réfugiait une troisième fois dans sa bonne ville de Bourges. C'est alors qu'on le nomma par dérision *le Roi de Bourges*. Tandis que la vierge de Vaucouleurs enlevait aux Anglais les villes une à une, le Roi, retiré dans cette cité que jamais ne flétrit le pied de l'étranger, et aidé du dévouement d'un financier de génie, préparait leur expulsion totale de la France. Il n'eut du reste qu'à se féliciter d'avoir compté sur l'amour des Berruyers, qui, quelque temps plus tard lui accordaient un subside de 40,000 écus d'or, afin de poursuivre la guerre contre les Anglais. C'est dans cette ville que vint le rejoindre le rude connétable de Richemont qui lui amenait une armée de Bretons. Dans la lutte de celui-ci contre Latrémouille, Bourges tenait pour le connétable qui s'en était rendu maître en 1428.

Ce fut de Bourges encore (car Bourges alors c'était la France, pour ainsi dire) que le roi parlementa avec les bourgeois de Paris, qui, las de l'Anglais, et moyennant le pardon du passé, offraient de lui en ouvrir les portes. Le 27 février l'amnistie leur fut envoyée. Le roi de Bourges devint le roi de France, et c'est en reconnaissance de tant de services qu'il accordait plus tard à ses habitants de nombreux priviléges.

Il ne faut pas oublier un fait important de ce règne, l'acte de la *Pragmatique sanction*. Presque tous les états de l'Europe avaient adopté les décrets du concile de Bâle de 1431 comme favorables à l'indépendance des églises nationales et surtout à l'autorité royale. Charles VII assembla, en 1438, tous les hauts dignitaires du clergé français à Bourges, pour adopter les mêmes décrets, qui reconnaissaient l'autorité du concile comme supérieure à celle du pape, qui demandaient des conciles annuels, l'élection libre dans l'église et les abbayes, la suppression des annates et indulgences, la nécessité de l'approbation royale pour la validité des bulles, etc. ; l'assemblée adopta et promulgua dans ce sens une ordonnance qui eut force de loi et qu'on nomma *Pragmatique sanction*. Cinq grands conciles s'étaient déjà tenus à Bourges : un en 1145, pour l'organisation de la deuxième croisade ; un second en 1225, en faveur du comte de Toulouse ; un troisième en 1276, sur la discipline ; un quatrième en 1286, contre les exemptions ; un cinquième y eut lieu en 1432, contre les protestants ; enfin, en 1528, un sixième concile, ayant le même objet que le dernier, s'y est encore assemblé.

En 1453, le Berry, comme nous l'avons indiqué plus haut, fut donné par Charles VII en apanage à Charles, son fils puîné, chef futur de la ligue du *Bien public*. A la suite de cette guerre son frère Louis XI lui retira le gouvernement de cette province.

En cette même année fut rendue à Tours une sentence que l'avenir s'est chargé de révoquer : ce fut celle qui condamnait Jacques Cœur. On l'accusait d'avoir empoisonné Agnès Sorel, fourni des armes et de l'argent aux *Sarrazins*, fait de la fausse-monnaie, commis des exactions en Languedoc, etc. Malgré l'absurdité de ces accusations, il fut condamné à faire amende honorable, à payer une somme énorme et au bannissement ; il se retira à Chio, où il mourut.

Jacques Cœur représente le génie de l'industrie au moyen âge. Simple marchand pelletier à l'origine, il entreprit plus tard un vaste système de commerce, qu'il étendit bientôt dans tout l'Orient, où plus de 300 facteurs l'aidaient à échanger les produits de l'industrie française. Il y acquit d'immenses richesses ; elles lui permirent, à une époque des plus désastreuses de notre histoire, d'aider la royauté de secours efficaces qui contribuèrent à sauver la France. Il en fut récompensé par des titres de noblesse et la charge d'argentier du roi et de maître de l'hôtel des monnaies de Paris. Mais sa fortune avait fait des envieux, et le jour où l'on n'eut plus besoin de lui, on paya ses services de la plus noire ingratitude.

L'évènement le plus remarquable après son procès, qui était une calamité, fut la peste de 1450, qui ravagea Bourges et ses environs.

Louis XI avait hérité de son père l'amour de la ville où il était né. Il y établit une Université en 1464. Dix ans plus tard il accordait à ses maires et échevins des privilèges de noblesse (1). Il y vint en personne l'année suivante, 1475, visiter les reliques de saint Ursin, apôtre du Berry.

(1) Par lettres patentes de 1474, il annoblissait les maires et échevins de

En 1498, Charles VIII donna le Berry en apanage à Jeanne, sa sœur. Les lettres patentes de cette donation n'en furent expédiées à la princesse que lorsque son mari, étant devenu roi, jugea à propos de la répudier pour épouser Anne de Bretagne. — Celle que les Berrichons ont nommée *la bonne Duchesse* se retira à Bourges, où elle fonda le couvent de l'Annonciade, dont elle fut la supérieure. Elle y mourut en 1504, généralement regrettée et considérée comme une sainte.

Au milieu du siècle suivant, Jean Calvin, élève de l'Université de Bourges, converti aux idées de réforme religieuse, commença à prêcher dans le Berry la nouvelle doctrine qui fit bientôt de nombreux prosélytes, surtout au village d'Asnières, près Bourges, et dans la ville de Sancerre. Ce fut pour la province l'origine d'une série de troubles de la plus haute gravité. En 1548 les religionnaires sancerrois, étant en nombre, chassèrent de la ville les prêtres et les religieux. En 1561 ils avaient interdit en cette ville l'exercice du culte catholique. Bourges, quoique plus fermement attaché à l'ancienne croyance, sentait également dans son sein un levain de dissension suscité par les Calvinistes, que le maître y avait laissés, et qui tendaient chaque jour à s'accroître en nombre et en audace. Les troubles sortis de Sancerre s'étendaient et menaçaient toute la province. Lignières, où

---

ladite ville, et les faisait jouir, eux et leur postérité, de tous les priviléges et franchises réservés à la noblesse, telles qu'exemptions des tailles et autres. De plus, les bourgeois de Bourges, qui étaient qualifiés *Barons*, ne pouvaient être jugés que par leurs concitoyens, et dans leur ville.

ils avaient des intelligences, avait été pris et saccagé par les Sancerrois. L'année suivante, 1562, conduits par le comte de Montgomery, ils s'emparèrent de Bourges, pillèrent les maisons des catholiques et les couvents, et ajoutèrent à ces désordres la profanation des églises et la violation des tombeaux. Le corps de Jeanne de Valois, arraché de son sépulcre, fut brûlé par eux en place publique. En même temps ils prenaient La Charité. Le roi envoya le maréchal de Saint-André et le duc de Guise avec 18,000 hommes pour s'opposer à cet envahissement de la réforme et reprendre les villes assiégées. Bourges subit un siège de deux semaines. Un édit de pacification, du 19 mars de l'année suivante, suspendit les hostilités. En 1567 les troubles s'étaient rallumés. Sancerre résistait intrépidement aux troupes royales. Charles IX, irrité de cette résistance, jura de la réduire. Un premier siége fut entrepris en janvier 1569 ; mais la conflagration ne tarda pas à être générale. Toute la province fut en feu. Le roi, que les progrès du protestantisme épouvantaient, voulut endormir les religionnaires pour mieux les prendre. L'édit de pacification, du 15 août 1570, précéda le grand coup de la nuit de Saint-Barthelémy. Cet affreux coup-d'état eut un terrible retentissement dans tout le royaume, et Bourges, il faut bien l'avouer, prit sa part des massacres. Les catholiques se vengèrent cruellement des pillages des hérétiques. Ceux-ci, enfermés dans les prisons de l'Archevêché, furent massacrés, et leurs corps jetés dans les fossés de la ville. Par deux fois le sang coula dans les rues, et le feu brûla les maisons des victimes. Cet affreux massacre réveilla le calvinisme qui s'endormait dans la paix, et les excès de la nuit du 24 août furent le signal d'une nouvelle

prise d'armes des Sancerrois, qui ne crurent pas devoir se
fier à la parole royale, et le sujet d'un 2ᵉ. siége (1572); il
fut long et atroce. Les provisions des assiégés étant venues
à s'épuiser, loin de perdre courage, ils employèrent à se
nourrir tout ce qu'ils purent, et, en dernière ressource, la
chair humaine. Enfin, au bout de huit mois, exténués, ils
se rendirent (1).

Il est à peine nécessaire de dire qu'à la suite de ces désordres la famine désola le Berry; c'était le résultat ordinaire
de toutes ces guerres sauvages. La peste s'y joignit en 1581
et décima la ville de Bourges.

Sur ces entrefaites, la *Ligue* survient pour clore cette
série de guerres religieuses et d'assassinats. Toutefois le
principe politique qui apparaissait déjà si fortement dans les
troubles politiques se manifeste alors bien plus fortement.
La religion, pourrait-on dire, était un prétexte dans cette
guerre; car la Ligue fut réellement une des dernières révoltes
de la féodalité contre le pouvoir royal, et c'était dans le but
d'opposer le pape au roi que l'acte d'union de 1576 recon-
naissait la suprématie de l'église sur l'État. La *Ligue* ne se
composait guère à son origine que de gentilshommes. Le
gouverneur de Bourges, M. de La Châtre, se mit du côté
des ligueurs. Henri III le révoque de ses fonctions, et lui
oppose un adversaire. Les troubles, les pillages, les incen
dies, les siéges recommencent. Le Berry est encore en proie

---

(1) Voir pour les détails de ce siége mémorable, la curieuse relation d'un
témoin oculaire, Jean de Léry. 1 vol in-8°. 6 fr., chez Vermeil.

aux horreurs de la guerre civile; cela dura jusqu'à Henri IV, à qui la ville se rendit, et qui céda le duché à la veuve de son prédécesseur, Louise de Lorraine.

L'édit de Nantes rendit encore une fois la paix à la France, mais ces dissensions à demi étouffées avaient laissé dans le royaume des traînées mal éteintes, qui devaient reprendre feu au premier jour. La guerre éclate sous la minorité de Louis XIII. Le prince de Condé, gouverneur de Bourges, est à la tête de la révolte; c'est pour la deuxième fois que ce nom apparait parmi les adversaires de la royauté. La reine-mère le fait emprisonner à Vincennes, et la ville se déclare pour la reine-mère, en ouvrant ses portes au maréchal de Montigny, que le roi avait envoyé comme gouverneur. L'heureuse issue de cette affaire rendit le vainqueur plus indulgent. Le prince fut remis en liberté après quelques années de captivité, et ses velléités de révolte étant passées, il fut depuis fidèle sujet, et mérita d'être rétabli dans son gouvernement. Il eut un fils, qu'il fit baptiser à Bourges, le 22 mai 1626 : ce fut le grand Condé.

L'histoire nous raconte ensuite la désolation de la capitale du Berry par la peste de 1628, et celle qui, dix ans plus tard, vint de nouveau la ravager.

Dix ans plus tard encore, lors de la *journée des barricades* à Paris, le vieux levain de la révolte sembla vouloir soulever une dernière fois la ville de Bourges. Ces dernières commotions donnèrent naissance à la *Fronde*, cette queue de la *Ligue*. Dans ces circonstances, Bourges garda sa vieille fidélité à ses rois. Malheureusement son gouverneur était ce même Condé, qui y avait été baptisé et élevé, et qui, à la mort de son père, Henri de Bourbon, avait succédé à son titre et à ses charges. Or, de sa nature, la famille des Condé était peu pacifique. La soumission pesait à l'orgueil mal étouffé d'un des derniers représentants de cette féodalité qui s'éteignait. Il eut le sort de son père, fut renfermé à Vincennes, et François de Beauvilliers, comte de Saint-Aignan, nommé à sa place gouverneur de la province; mais la princesse de Condé se jeta dans le château de Montrond et continua la révolte. Des troubles intérieurs se mêlèrent à ces désordres pour la réélection des magistrats de Bourges. Enfin la paix se fit, le prince sortit de prison en 1651 et le calme reparut, du moins en apparence ; car, ce calme, la conduite de Condé n'était pas de nature à l'entretenir; cette âme vaniteuse ne pardonnait pas sa défaite. Retiré derrière les murs de Bourges, aidé des intrigues du prince de Conti, son frère, et de sa sœur, la belle de Longueville, il voulait continuer la guerre civile contre le pouvoir royal ; mais ses projets hostiles furent déjoués par la fermeté des habitants, et l'arrivée à Bourges, en 1650, du jeune roi Louis XIV, qui venait d'être déclaré majeur, interrompit ces mauvaises dispositions.

Le passage du roi en cette ville fut marqué par la destruction de la grosse tour ou forteresse de la ville. Cette forteresse, qui avait été bâtie sous Philippe-Auguste et dont les murs avaient dix-huit pieds d'épaisseur, était un des cinq donjons principaux dont relevaient les fiefs mouvant immédiatement du roi à cause de son duché de Berry. Elle est célèbre dans l'histoire par l'emprisonnement du cardinal Labalue et du duc d'Orléans, plus tard Louis XII. Les révoltes des derniers gouverneurs de Bourges avaient montré à Louis XIV quel danger il pouvait y avoir à garder, au centre de son royaume, un asile si favorable au mécontentement et à l'ambition. Il en ordonna la démolition, qui eut lieu au moyen de la mine. On mit neuf ans à en déblayer la place. Cet échec pourtant ne déconcerta pas le parti de Condé, qui tint bon encore deux ans jusqu'à la paix et à la destruction de son repaire, le château de Montrond (1).

A partir de ce moment, l'histoire de la province est tranquille. La féodalité ne remuait plus sous la main pesante du grand roi.

Sous ce règne, grâce à l'administration de Colbert, la province sembla vouloir relever les ruines de son industrie. Ses fabriques reprirent, pour quelque temps, une vigueur qui semblait être d'heureux augure. En même temps des métiers nouveaux s'y établissaient. Un instant il sembla que le commerce allait revenir y affluer comme autrefois; mais cette espérance fut trompée; Colbert disparu, les établissements qu'il avait fondés ne résistèrent pas.

La gloire de Bourges, au dix-huitième siècle, ne devait pas être dans le trafic et la fabrication, mais dans des tentatives de réformes administratives.

(1) Recherches historiques sur St.-Amand-Montrond, par M. Chevalier de St.-Amand. 1 vol. in-8°. 4 fr., chez Vermeil.

En 1778, et pendant les années suivantes, Bourges fut le siége d'une *Assemblée provinciale* qui y fut établie par Louis XVI. L'institution de ces assemblées, suscitée par Necker, était la réalisation d'une grande pensée. Chargées de la répartition de l'impôt dans la province, elles lui donnaient une représentation permanente, une voix pour faire entendre la plainte populaire, une force contre le despotisme des intendants. Allégement des charges qui pesaient sur le peuple par une répartition plus équitable des impositions, encouragements donnés à l'agriculture, surcroît d'activité imprimé aux travaux publics : telles furent les trois grandes questions sur lesquelles roulèrent les discussions de ces assemblées. On comprend quelle influence favorable pouvaient avoir, par la réforme d'abus enracinés, ces espèces de *Conseils généraux*. Mais la chute du ministre auquel on devait cette institution entraîna la leur. Les *Assemblées provinciales* périrent sous les entraves et le découragement. 1789 s'approchait ; une leçon terrible allait être donnée à ceux qui refusaient si obstinément les bienfaits d'une amélioration pacifique. Le Berry eut la gloire d'être choisi pour en faire le premier essai par un roi qui, avant de monter sur le trône, avait porté le titre de duc de Berry (1).

A cette époque Bourges était le siége d'une généralité, d'un baillage, d'un présidial, d'une prévôté et d'une justice royale ; d'une élection, d'une maîtrise des eaux et forêts,

---

(1) Tout ce qui a pu être dit sur ces assemblées a été dit et se trouve dans l'ouvrage de M. le Baron de Girardot, qui a pour titre : *Essai sur les Assemblées provinciales.* 1 vol. in-8°. 7 fr. 50 c., chez Vermeil.

d'un hôtel des monnaies, d'un archevêché, d'une université, d'un hôtel-de-ville et d'une prévôté générale de la maréchaussée.

Le Berry joua son rôle dans la révolution qui allait changer tout cet ordre de choses; rôle recommandable, en ce qu'ami du progrès vers lequel les esprits se dirigeaient, il hésita toujours à souiller cette belle cause par des violences que l'intolérance politique préparait à la nation. Il ne faut pas oublier, dans cette circonstance, que ce fut sur la motion d'un député du tiers-état du Berry, M. Legrand, de Châteauroux, que la réunion des députés du tiers-état à Versailles prit le nom d'*Assemblée nationale*.

Le projet de Sieyès, adopté par la Constituante, divisa le Berry en deux départements, le Cher et l'Indre.

La terreur passa sur lui sans y laisser des traces profondes, sinon quelques ruines d'églises et de monastères; mais le sang y fut généralement respecté. Dans ses jours d'angoisses, la Convention, comme antérieurement Louis XIV, songea à y transporter le centre de son gouvernement. Plus tard, Napoléon voulut en faire un vaste établissement militaire, immense dépôt de matériel et d'hommes, qui, aux premières attaques de l'ennemi, seraient partis du centre pour rayonner sur les frontières.

A la chute de l'empire, Bourges accueillit avec tristesse les bataillons licenciés de l'armée de la Loire qui rentrait dans ses campagnes. Elle ne prit aucune part aux réactions sangiantes du Midi. Depuis long-temps l'habitant du Berry avait revêtu ce caractère de douceur qui lui est particulier, et pour lequel on ne saurait trouver assez d'éloges, s'il ne dégénérait pas parfois en apathie funeste. On n'a qu'à comparer la manière dont y furent accueillis successivement les massacres de la Saint-Barthelémy, les guillotinades de la révolution et les assassinats d'Avignon, on y trouvera toute l'histoire de sa civilisation en abrégé.

Bourges, dont la population, d'après le recensement de 1846, est de 24,799 habitants, est devenu le centre des administrations suivantes : chef-lieu de la 15me. division militaire, composée des départements du Cher, de l'Indre, de la Nièvre, de la Haute-Vienne et de la Creuse ; siége d'une cour royale où se portent les appels des départements du Cher, de l'Indre et de la Nièvre, il possède en outre un archevêché qui compte cinq diocèses suffragants, avec une académie universitaire ; il est aussi chef-lieu de la 22me. conservation forestière, et contient une préfecture, une direction des contributions directes, une recette générale des finances, un payeur du département, une direction de l'enregistrement et des domaines, un conservateur des hypothèques, une direction des contributions indirectes, une recette et un entrepôt des tabacs et poudres, un bureau de garantie des matières d'or et d'argent, un commandement d'artillerie, une lieutenance de gendarmerie, trois ingénieurs en chef des ponts et chaussées, un grand et un petit séminaires, un collége royal, une école normale, une bibliothèque publique, un musée, etc., etc.

NOTICE HISTORIQUE.

Outre l'intérêt que Bourges peut inspirer à l'historien par le rôle qu'il a été appelé à jouer à diverses reprises dans nos annales, cette ville se recommande encore à l'étranger par des monuments curieux, dont les principaux, la cathédrale et l'hôtel-de-ville, ont une réputation qui date de loin. Les pages qui suivent ont pour but de décrire ces monuments et d'en raconter l'histoire.

LA CATHÉDRALE

(ÉGLISE SAINT-ÉTIENNE).

L'ÉGLISE est, aux époques primitives, le monument social par excellence; *Palladium* de la cité qui l'environne, et centre de vie pour ses habitants, le sanctuaire divin appelle autour de lui les premières constructions. Aussi plane-t-il ordinairement sur toute la ville.

L'église cathédrale de Bourges, placée sous le vocable de saint Étienne, n'a pas manqué à cette loi commune. Située au sommet de la hauteur sur les flancs de laquelle les rues s'échelonnent, elle domine au loin la campagne, d'où on l'aperçoit de 40 kilomètres en arrivant.

Saint-Étienne était la métropole religieuse du Berry. Les renseignements sur sa construction manquent en partie : on sait seulement que la basilique actuelle n'est que la troisième en date de celles qui furent élevées sur cet emplacement. Au troisième siècle de l'ère chrétienne, il y avait à Bourges un certain Léocadius, qui avait titre de sénateur, et qui, sans être chrétien lui-même, comptait dans sa famille des martyrs de cette religion. C'est à lui que s'adressèrent les premiers néophytes berruyers pour obtenir un local dans lequel ils pussent célébrer leur culte. Léocadius leur fit don de son palais, lequel devint une basilique, qui existait encore au VIe siècle. Rien ne subsiste de ce monument primitif, sinon peut-être la crypte souterraine qui sert de sépulture aux archevêques. Au IXe siècle une seconde basilique parait avoir été construite par l'évêque Raoul de Turenne sur l'emplacement de la première, détruite dans quelque guerre. Quant à la troisième église, celle que nous admirons encore aujourd'hui, elle date évidemment du XIIIe et de la première partie du XIVe siècle. On y rencontre du reste, comme dans toutes les cathédrales qui exigent, pour leur entier achèvement, plusieurs générations, des styles d'architecture différents. Le style roman des deux portes latérales se trouve joint au gothique fleuri des portails, et à l'architecture renaissance de la tour du nord.

L'importance de cet édifice, le principal de la province, est telle, que nous croyons devoir lui consacrer une description plus détaillée qu'à tous autres de la ville. Nous allons donc prendre le voyageur par la main, le conduire devant sa façade, l'introduire dans son intérieur, le guider dans ses catacombes, le faire parvenir par ses galeries aériennes jusqu'au sommet des hautes tours d'où son œil plongera sur une immense étendue de pays ; en sorte qu'en la quittant il ait tout exploré.

La masse imposante de la façade est divisée en cinq parties, qui correspondent aux cinq nefs de l'église, dans lesquelles on pénètre par cinq portes dont les voussures profondes sont surmontées de pignons autrefois terminés par des statues. A droite et à gauche, s'élèvent deux tours. Celle du midi est appuyée par un massif énorme, lié à la façade par un arc-boutant du plus mauvais goût et dont la construction remonte au XIVe siècle. La tour de Beurre, située au nord, construite pendant la première moitié du XVIe siècle, est d'une rare élégance, et fait un contraste singulier avec l'autre tour trapue, inachevée et ridiculement arc-boutée. A part ce disparate, l'aspect de cette façade est imposant comme celui de toutes les grandes cathédrales du moyen-âge.

Au-dessus du portail du milieu, et en retraite, s'ouvre une fenêtre divisée par d'élégants meneaux, et surmontée dans la menue baie par une rosace d'une grande dimension et d'une richesse suprême. Elle mène à une galerie qui met en communication les deux côtés du grand comble et qui se trouve à la base du pignon, lequel est orné d'une arcade aveugle à meneaux trilobés. Le pignon a pour amortissement une dentelle de pierre et se termine en une croix patriarcale à doubles croisillons. A droite et à gauche s'avancent des contreforts, enfermant des escaliers à vis en pierre, terminés par deux lanternons de la renaissance. L'un d'eux a été reconstruit il y a quelques années. Une colonnette file le long de ces contreforts, encadre la grande fenêtre, et aboutit, au-dessous de la galerie, à un chapiteau surmonté d'une statue de pierre, couronnée elle-même par un dais.

Au bas de la grande fenêtre, et derrière le pignon du

portail principal, règne une galerie qui s'étend à toute la façade et met ses différentes parties en communication.

De chaque côté de cette première division sont deux espaces inégaux, qui correspondent aux premiers bas côtés. Sur chacun d'eux s'ouvre, à la hauteur de la galerie basse, une fenêtre qui éclaire ces bas côtés, et des rosaces qui servent à donner jour à de grandes salles situées à la hauteur des combles moyens. Ces deux ouvertures sont enserrées dans une même arcade plein-cintre. Au-dessus, enfin, est une autre arcade ogivale où viennent s'arrêter deux galeries qui s'y terminent brusquement.

A droite de la façade s'élève la vieille tour dont nous avons parlé, et qu'on nomme la *Tour Sourde*. Son origine remonte au XIVe siècle, époque de la construction de la nef. En avant elle s'appuie sur deux contreforts coupés par des larmiers et ornés d'arcatures ogivales. Outre son rez-de-chaussée, ouvert par un portail, elle se divise en quatre étages : les deux premiers, assez bas, divisés en deux arcades ogivales ; le troisième ouvert par une arcade sans ornement, au fond de laquelle on voit une double arcature aveugle et surmontée d'une petite rosace. L'étage supérieur est formé d'une grande arcature cintrée, enserrant deux baies ogivales, qui sont formées d'une suite de tores en retraite et coupées transversalement par trois rangées d'abat-sons. C'est là que, jusqu'au seizième siècle, fut placée la sonnerie. Le beffroi s'y voit encore. Sur le sommet des murs, sans amortissement, s'applique un toit d'ardoises, qui tient la place d'une flèche projetée, sans avoir jamais été exécutée, ainsi que l'indiquent les amorces aux angles de la tour.

Comme nous l'avons dit, cette tour n'a jamais été achevée. Abandonnée au quatorzième siècle, elle menaçait ruine, ainsi que le constatent de nombreuses crevasses sur la face méridionale. Cette menace de ruine engagea plus tard à la soutenir de cette absurde construction massive qui la contrebute au midi. Deux arcs servant d'éperon viennent s'appuyer contre d'énormes piliers ornés d'une corniche et d'arcatures. L'espace entre les deux arcs forme une vaste salle éclairée d'une fenêtre de chaque côté.

La tour du nord (tour *neuve* ou tour de *beurre*), est postérieure de deux siècles. Vers la fin du quinzième siècle, sur l'emplacement de celle-ci, existait une autre tour semblable à celle du midi. On y mettait la dernière main, lorsque, dans la nuit du 31 décembre 1506, elle s'écroula avec un horrible fracas. Les architectes en renom de Paris, de Gaillon, etc., furent appelés pour réparer ce désastre. Ils élevèrent la tour actuelle, qui a reçu le nom de *Tour de Beurre,* parce que, dit-on, elle fut payée par le rachat des rigueurs du carême. C'est une de ces plaisanteries que l'histoire enregistre quelquefois comme sérieuses, mais qu'il faut mettre hardiment au rang des fables. Un bon impôt sur les gabelles de Languedoc et de Normandie, et quelques libéralités du cardinal-archevêque Bohier en firent les frais. Outre le rez-de-chaussée, la tour est divisée en quatre étages, dont la disposition rappelle, avec d'importantes modifications, celle de l'autre tour. L'épaisseur des contreforts est diminuée par des clochetons et des niches enrichies de statues dignes d'attention. C'est dans cette tour qu'est la sonnerie. On y monte par une tourelle annexée à la face du nord. Dans l'angle de la tour, une autre tourelle éclairée de vingt-trois meurtrières, lui sert d'escalier. — Il faut ajouter, pour être complet, que la reconstruction de la tour neuve entraîna celle d'une partie de la façade, que l'architecte, sauf certaines modifications, tâcha de raccorder, du mieux qu'il put, avec l'architecture primitive.

Si nous examinons en détail les porches de la façade, nous trouverons que le grand porche principal donne entrée à la nef du milieu par deux portes cintrées que sépare un trumeau, sur lequel s'appuie une statue du Christ, ouvrage de M. Théophile Caudron jeune. Ce Christ, qui foule aux pieds les monstres infernaux, bénit d'une main et de l'autre tient un livre. La baie de chaque porte, dessinée par un tore à crochets, est divisée en sept lobes par des arcatures que terminent de petites têtes. Les venteaux en bois sont sculptés d'ornements qui concordent avec ceux de la pierre. Ils sont du même temps. Au-dessus de ce système d'ornements règne une élégante frise de feuillage et d'animaux et des encoignures historiées. C'est au-dessus de cette frise qu'on voit le remarquable tympan sur lequel a été sculptée la représentation du Jugement dernier. La scène se divise en trois bandes superposées : dans la bande inférieure, la résurrection des morts qui lèvent le couvercle de leurs tombeaux; au-dessus, le jugement et son exécution. Un ange debout tient la balance terrible d'une main, et dispute de l'autre les âmes aux démons. A sa droite les bienheureux sont introduits par saint Pierre dans le Paradis; à sa gauche, des démons aux formes bizarres, aux faces hideuses, précipitent les damnés dans la gueule de l'enfer et les tourment dans une immense chaudière. Le Christ, assis sur son trône, domine ces étranges scènes. Il a les bras ouverts ; sa mère et saint Jean, agenouillés, implorent sa clémence. Quatre anges tiennent à ses côtés les instruments de la passion, tandis qu'au-dessus de lui des esprits célestes dirigent le cours du soleil et de la lune, ou sont en adoration.

A la base de la façade règne un double rang d'arcatures : celles du bas amorties par une frise, celles du haut par des dais de formes variées. Les premières composent une série de stalles au moyen d'un banc de pierres qui se continue dans toute la longueur. Elles offrent une série de bas-reliefs représentant diverses scènes de l'Ancien et du Nouveau Testament ; celles du haut furent en partie remplies par des statues aujourd'hui enlevées. Les voussures de chacune des portes sont formées alternativement de tores et cordons de statues d'anges et de saints appuyés sur des socles qui forment dais. Enfin chaque pignon est orné de rosaces ; celle du portail du milieu est la plus remarquable.

Le premier porche à droite représente l'histoire et le martyre de saint Étienne. Toutes ces scènes sont séparées par des arcatures qui forment frises. Le deuxième, du même côté, représente la vie de saint Ursin, premier apôtre du Berry. Les deux portails à gauche, construits en même temps que la Tour neuve, représentent, l'un la mort et l'Assomption de la Vierge-mère ; le deuxième, la vie de saint Guillaume.

Les maisons qui entourent une partie de la cathédrale empêchent qu'on n'en fasse le tour, à moins d'obtenir l'entrée des cours particulières. Toutefois il est permis d'admirer, sinon l'ensemble de la construction, du moins ses détails. En prenant à droite, du côté du midi, on a l'aspect imposant d'une face entière de l'édifice ; et l'œil exercé peut saisir de suite la disposition intérieure du monument, à la vue des trois rangs de fenêtres superposées en retraite, qui éclairent les différentes nefs. Par le bas, des fenêtres aux formes variées éclairent les basses nefs ou les chapelles qui y sont annexées. Au-dessus des ouvertures, qu'on aperçoit entre les contreforts, s'ouvrent sur les grands bas côtés, et, plus haut, on voit larges et élevées les fenêtres de la grande nef dont les murailles élevées sont contrebutées par des arcs appuyés sur une série de contreforts. Ces contreforts et l'extrémité des arcs-boutants, à la naissance du toit, sont terminés par des clochetons construits depuis quelques années, ainsi que la galerie qui règne au bas du grand comble. — Ce grand comble, tout couvert en ardoises, portait jadis à son centre un clocher de bois revêtu de plomb. — A la croupe du toit, on voit aujourd'hui une grande croix en fer.

De ce côté, l'église s'ouvre par une double porte du plus haut intérêt. — Sous un porche à jour, ouvert par des baies et des rosaces à trois et six lobes, se voit l'un des deux portails romans, débris sans doute d'une des deux basiliques antérieures. — Cette porte, à deux battants, est divisée par un trumeau auquel est adossée une statue du Christ du quatorzième siècle. Le linteau forme une large plate-bande divisée en arcades plein-cintre où sont assis les douze apôtres. Le tympan est rempli par le Christ, assis dans une auréole en forme d'amande. Il est entouré des symboles des

Évangélistes. La voussure de la porte est formée de deux cordons d'ornements et de deux cordons de saints et d'anges. Ces cordons reposent sur les chapiteaux historiés des colonnes auxquelles sont adossées six statues du treizième siècle, aux formes étroites, aux plis serrés, aux vêtements ornés de broderies. — Les portes elle-mêmes, de grande dimension, montrent, gravée en relief et en grands caractères, l'inscription :

*Orate pro defunctis
Et benefactoribus ecclesie
Reginaldus Boicelli*,

avec les initiales R. B. — Elle est due à la piété de Regnault Boisseau, chanoine de Bourges, au 15e. siècle. L'autre : donnée par Jacques Cœur, porte ses armes et le monogramme figuré J. ♥.

Il faut remarquer sur le mur plein, à droite, sous le porche, 36 vers gravés sur la pierre, et recommandant la charité; ainsi qu'une porte de la Renaissance très délicatement sculptée. Elle conduit à la bibliothèque de la paroisse. Du reste on reconnaît dans ce porche le mélange de différentes époques.

Si l'on se place à l'extrémité du jardin de l'Archevêché, à l'angle qui s'appuie à la porte Bourbonnoux, on jouit du spectacle que développe l'absyde de la Cathédrale, surélevée de ce côté par l'église souterraine, dont on aperçoit les grandes fenêtres séparées alternativement par des contreforts et des encorbellements, lesquels soutiennent des chapelles du 13e. siècle et comprises dans le plan primitif du monument. Elles s'élancent au sommet en longues flèches de pierres.

Du côté du nord, l'aspect du monument est plus sévère et plus sombre, parce que le soleil n'y donne jamais. La pierre y a pris une teinte noirâtre, résultat des mousses qui la tapissent. C'est là que la tour neuve, plus détachée de l'ensemble du monument, élève sa masse imposante sous l'abondance des ornements qu'y a prodigués le goût luxuriant du 16e. siècle. On entre de ce côté dans l'église par la seconde porte romane, pareille à l'autre et précédée comme elle d'un porche plus moderne. Près de ce porche s'élève la salle du chapitre, et au-dessus du tout, une construction de la Renaissance où étaient autrefois placées les Archives. A droite et à gauche de la porte sont deux statues mutilées; le linteau, orné d'un rinceau de feuillages, est évidemment copié sur un monument roman. Au-dessus, la Vierge assise dans un temple et tenant son fils sur les genoux : à côté la Salutation angélique et l'Adoration des Mages.

Entrons maintenant dans ce sanctuaire, dont nous avons à loisir admiré les dehors, et plaçons-nous sous les orgues. Quelle majesté dans le vaste silence de ces voûtes, dans la hauteur et la hardiesse de ces colonnes, dans cette étendue où glisse un jour doré par les vitraux! Comme l'imagination se sent écrasée dans ce vaisseau gigantesque!

Cet intérieur se compose de cinq rangs de nefs dont les voûtes ogives sont supportées par 60 colonnes. La grande nef en comprend 32, dont deux engagées à moitié dans la façade, et lesquelles comptent 47 ᵐ. de hauteur jusqu'aux chapitaux. Deux gros piliers, entourés de colonnettes, portent la poussée des tours sous laquelle ils se sont légèrement cintrés. Chaque travée, entre son arcade très élevée et la fenêtre qui l'éclaire à son sommet, est ornée d'une arcature à six arcades qui donne jour à une galerie faisant le tour de l'édifice. Cet ordre se reproduit dans les premiers bas côtés. Les autres sont éclairés au rez-de-chaussée ou directement par les fenêtres de la construction primitive ou par les larges croisées des chapelles.

Le plan général de l'église est un vaste parallélogramme, terminé à l'orient par une absyde arrondie, autour de laquelle tournent les bas-côtés. L'absence de transept, ou de croix, est une rareté que quelques archéologues regardent comme un défaut, tandis que d'autres trouvent que le monument y gagne plus d'ensemble. — Toute la partie construite au XIIIe siècle est ornée de vitraux de la plus belle exécution, admirables pour les effets des couleurs, pleins d'intérêt quant aux légendes qu'ils représentent. En mentionnant les chapelles qui s'ouvrent autour de l'église, nous aurons occasion de parler de ceux du rez-de-chaussée. Ceux du premier étage et de la grande nef représentent une série de personnages de l'Ancien et du Nouveau Testament. — A la fenêtre du rond-point se voient, en bas, la Vierge et le Christ, en haut, la Vierge et saint Etienne. — La fenêtre du grand pignon, surmontée d'une rosace, représente une Annonciation et divers saints. Au soleil couchant elle est du plus bel effet.

Le chœur, refait en 1757, a été gâté sous l'empire par un

mur de clôture qui en interdit à moitié la vue. Il est environné de stalles de bois sculptées dans son intérieur. — Dans la nef, il existe aussi une chaire en bois, de style gothique, et sculptée par le sieur Dumas, sculpteur en bois à Bourges.

Sous la tour neuve, à gauche en entrant, se trouve un chef-d'œuvre d'ancienne horlogerie de 1423, qui marque le cours du soleil et de la lune, et dont le mouvement sert à régler les heures des offices.

A la suite, et en faisant le tour de l'église, en dehors des cinq nefs qui en forment l'ensemble, règne une suite de chapelles, hors d'œuvre, construites, les unes au XIIIe. siècle en même temps que le chœur qu'elles entourent et en encorbellement; les autres aux XIVe. et XVe. siècles, entre les contreforts, et par suite de fondations particulières, et de concessions du chapitre. Nous allons les visiter tour à tour.

1. — *Chapelle des Fonds baptismaux.*

La première à gauche, est aujourd'hui consacrée aux fonds baptismaux. Elle fut bâtie par Pierre Aimery, archevêque de Bourges, dont elle porte l'écusson. Le vitrail représente l'Assomption de la Vierge; il date de 1619. Il est dû à la veuve du maréchal Lagrange de Montigny qui avait obtenu la cession de cette chapelle pour en faire sa sépulture et celle de sa famille. Au-dessous de l'Assomption, on voit agenouillés devant des prie-Dieu le maréchal en costume de l'ordre, la maréchale en costume de veuve. Leurs armes sont à la clef de la voûte.

2. — *Chapelle de Fradet.*

Le vitrail est divisé en quatre compartiments, dont chacun est consacré à un évangéliste. Sur le mur en face de l'autel, un buste en marbre de Fradet, au-dessus duquel ses armes qui se voient aussi à la clef de voûte. On y voit en outre deux inscriptions en français : l'une de Pierre Fradet, doyen du chapitre, l'autre du jésuite François Berthier.

3. — *Chapelle de Beaucaire, ou de Saint-Loup.*

Verrière divisée en quatre compartiments consacrés chacun à un saint martyr. Dans les compartiments des menaux, le Jugement dernier. La voûte et les murs ont été récemment repeints. L'autel, au-dessus duquel est un joli dais du XVe. siècle, est en construction.

4. — *Chapelle de Bar, ou de Saint-Denis.*

Le vitrail représente la vie de St. Denis en seize panneaux. Clef de voûte armoriée de la famille de Bar, au blason reproduit sur les vitraux.

Entre les chapiteaux 3 et 4, se trouvent la porte de sortie qui débouche sous le porche du nord; celle par laquelle on descend à l'église souterraine; la croix des Missions, plantée à l'époque des missions sur la place de ce nom, et abattue en 1830; enfin la porte par où l'on monte à la salle capitulaire.

5. — *Chapelle Saint-Jean.*

Vitrail divisé en quatre compartiments, représentant l'Adoration des Mages. Derrière les trois rois, Jean Dubreuil, fondateur de la chapelle, est agenouillé et présenté par Jean-Baptiste. Dans les menaux diverses scènes du Nouveau Testament. — A la voûte les armes de France.

A la suite de cette chapelle on remarque une porte du XVe siècle et de la plus grande élégance. Aux armoiries qui y sont sculptées on reconnait qu'elle est due à Jacques Cœur. C'est la porte de la Sacristie construite par lui, et dont l'étage supérieur était destiné à la *librairie* du chapitre.

6. *Chapelle des Trousseau.*

Le vitrail représente les membres de cette famille agenouillés devant la Vierge et l'enfant Jésus. — Les armes du duc Jean et celles de trois papes sont peintes sur les vitraux. Celles du fondateur se retrouvent à la clef de voûte.

7. — *Chapelle de Jacques Cœur, ou de Laubépine, aujourd'hui de Saint-Ursin.*

Fondée par Jacques Cœur pour sa sépulture, cette chapelle n'a pas reçu ses restes. Toute son architecture pleine d'élégance révèle la richesse et le goût de son fondateur. Le vitrail, aux couleurs éclatantes, représente l'Annonciation. Derrière l'ange est saint Jacques, patron du fondateur. derrière la Vierge, sainte Cécile. — Les armes de Jacques-Cœur y ont été remplacées par ce les des Laubépine. —

Cette grande famille y avait sa sépulture, et l'on voit encore dans l'église souterraine les belles statues qui ornaient son tombeau détruit à la révolution.

A la suite de cette chapelle se voient les anciennes fenêtres et chapelles. Le premier vitrail, donné par les maçons, représente la parabole de Lazare et du mauvais riche.

8. — *Chapelle de Saint-Nicolas.*

Elle commence la série des cinq chapelles construites au XIIIe. siècle. Ces chapelles sont éclairées chacune par trois fenêtres ornées de vitraux du XIIIe. siècle, mais dont les panneaux ont été mis en désordre par des restaurations maladroites. Ceux de cette chapelle sont consacrés à sainte Marie-l'Egyptienne, saint Nicolas et sainte Madelaine.

La verrière qui suit donnée par les fontainiers, représente la légende de saint Etienne. — Sur le vitrail donné par les tisserands, se trouve l'histoire du Samaritain.

9. — *Chapelle de la Conception.*

Vitraux mélangés représentant saint Denis, saint Pierre et saint Paul. On y trouve un médaillon et une inscription en l'honneur du cardinal de La Rochefoucauld; et un tableau de Boucher, peintre de Bourges, dont le sujet est un saint Jean-Baptiste.

Entre cette chapelle et la suivante sont deux verrières, la première donnée par les tanneurs représente la parabole de l'enfant prodigue; la deuxième, donnée par les bouchers, est appelée de la Nouvelle-Alliance, elle représente le Sacrifice d'Abraham, la mort de Jésus-Christ, la veuve de Sarepta, Jonas, etc.

10. — *Chapelle de la Vierge.*

Complétement restaurée par M. J. Dumoutet, sculpteur de Bourges, qui en a fait les peintures et a mis à la clef de voûte les armes du cardinal Du Pont, et à qui on doit le dessin du bas-relief de l'autel, représentant la mort de la Vierge, celui du tabernacle, des flambeaux, etc. Sur un piédestal élevé et colorié, est une statue en marbre de la vierge tenant l'enfant Jésus, laquelle appartenait à la sainte Chapelle du duc Jean de Berry, fondée en 1405. Cette œuvre remarquable était fort mutilée. Les têtes et les mains ont été refaites par le restaurateur de la chapelle, qui a remis aussi dans leur état primitif les statues du duc Jean et de la duchesse replacées en avant de la chapelle. Le pavé en mosaïque, la grille, la lampe, les ornements sont également de lui.

Après cette chapelle deux verrières. La première, donnée par les prêtres représente le jugement dernier, la deuxième donnée par les fourreurs, raconte la passion.

11. — *Chapelle de Sainte-Catherine.*

A droite et à gauche les épitaphes du maréchal de La Châtre et de son père.— Vitraux : Vie de saint Laurent et de saint Vincent.

Ensuite viennent deux grandes verrières. Sur la première

est l'apocalypse ; sur la deuxième, donnée par les tailleurs de pierre, est la légende de saint Thomas.

12. — *Chapelle de Saint-François.*

Vitraux : Saint Jacques-le-Majeur et le magicien Hermogènes, saint Jean-Baptiste, saint Jean l'évangéliste.

A la suite, grande verrière donnée par les charpentiers et tonneliers ; *Histoire de Joseph.*

13. — *Chapelle de Sainte-Solange.*

Les deux chapiteaux de cette chapelle et l'arcade d'entrée sont en style roman. Près du confessionnal s'ouvre un escalier par lequel on monte sous le grand comble. Armes du duc de Berry à la clef de voûte.

14. — *Chapelle Saint-Nicolas.*

Cette chapelle fut construite au 15e. siècle par Simon Aligret, médecin de Louis XI. Armes du duc de Berry à la clef de voûte, celles du fondateur à la retombée des ogives. Sa tombe, gravée en creux, se voit encore. Le vitrail représente en haut le jugement dernier, en bas le fondateur, sa famille avec ses saints patrons.

15. — *Chapelle des Tulier.*

Elle fut fondée par la famille de ce nom, en 1531. Le vitrail représente la Sainte-Vierge, l'enfant Jésus et saint Jean-Baptiste, Pierre Tulier, sa femme et leurs sept enfants, présentés par leurs saints patrons.

A la suite de cette chapelle est la sacristie de la paroisse ; elle a été construite récemment. Ensuite la porte de l'église souterraine, sculptée au 16ᵉ siècle, puis la grande porte latérale dite de l'Archevêché.

16. — *Chapelle d'Étampes.*

Cette chapelle, au service de la paroisse, est en complète restauration. On prépare à cet effet des lambris en bois sculptés, du style du 15ᵉ siècle ; et, pour l'autel, un grand bas-relief et des accessoires dus au ciseau de M. J. Dumoutet.

17. — *Chapelle des Bastard et des Leroy.*

Vitrail, les 12 apôtres assistant à l'Assomption de la Vierge ; aux retombées des voûtes les armes des Bastard et des Leroy.

18. — *Chapelle des Morts.*

Vitrail, la vie de saint Laurent. Il faut remarquer dans cette chapelle de très élégants dais de pierre du 15ᵉ. siècle. Les deux anges en pierre sont de M. Dumoutet.

En se faisant accompagner par un des suisses, le voyageur qui monte sur la tour du nord peut parcourir les galeries ménagées dans les tours et visiter la sonnerie, dont la plus grosse cloche récemment fondue pèse 7,000 kil. Les petits et le grand combles, les galeries qui font le tour de l'église à l'intérieur et à l'extérieur, les anciennes prisons du chapitre, etc. Dans ce long voyage il rencontrera de nombreux sujets de sculpture : quelques-uns bouffons, tous traités avec une grande habileté de ciseau.

Arrivé par 396 marches au haut de la tour, qui a près de 65 mètres (3 mètres de moins que les tours de Notre-Dame-de-Paris), on jouit d'une vue très étendue qui s'étend à plus de 28 kilom. à l'entour. C'est là qu'est placée la cloche de l'horloge, donnée par le duc Jean, dans un campanille du 16º. siècle, que surmonte un énorme pélican de cuivre servant de girouette.

Sous le chœur règne une église souterraine, l'une des plus belles du moyen âge, remarquable par ses vastes dimensions et par la vigueur de son architecture. Les fenêtres, de grande dimension, sont garnies des débris des vitraux de la Sainte-Chapelle, détruite en 1757. Dans un espace renfermé par des grilles on voit les restes du tombeau du duc Jean, apporté là à la même époque. Il n'en reste plus aujourd'hui que la plaque en marbre noir et la statue du duc, en marbre blanc.

Autour de la dalle on lit l'inscription suivante : *Cy repose prince de très noble mémoire monseigneur Jehan fils, frère, oncle de roys de France et nepveu de l'empereur Charles, roy de Bretaigne, duc de Berry et d'Auvergne, comte de Poictou, d'Estampes, de Gien, de Boulogne et d'Auvergne et per de France, qui édifia, fonda, doua et garnist de très sainctes reliques et de très riches ornemens ceste saincte chapelle et trespassa à Paris en l'aage de LXXVI ans, l'an mil quatre cens et seize le quinzième jour de juing. Priez Dieu pour l'âme de lui. Et en mémoire duquel : Char-*

les VIIe. roy de France son nepveu et héritier prince très chrétien et très victorieux fit faire ceste sépulture.

Sur une banderolle se lit :

*Quid sublime genus, quid opes, quid gloria prestent?
Prospice, mox aderant hec mihi nunc absunt.*

Sont placées, près de ce tombeau, les statues en marbre, 1°. du maréchal de Lagrange de Montigny, mort en 1617 ; 2°. du chancelier Guillaume de Laubespine ; 3°. de Marie de La Chastre, sa femme ; 4°. du garde-des-sceaux Charles de Laubespine, leur fils, mort en 1653. Ces statues ont été, à la révolution, enlevées des tombeaux de ces personnages placés dans leurs chapelles respectives. Les trois dernières sont de Philippe de Buyster.

Dans la partie la moins éclairée de la crypte, on voit encore plusieurs statues, dont celle du duc Jean, et un Christ au tombeau, œuvre du 16°. siècle.

Il ne faut pas quitter la Cathédrale sans jeter un coup-d'œil sur le buffet des orgues, un des plus beaux qu'on connaisse en son genre, et dont la date remonte à 1663. De chaque côté sont deux tableaux, l'un de Mauzaisse, représentant la lapidation de saint Étienne ; l'autre de Champmartin, représente le massacre des Innocents.

La Cathédrale a, dans œuvre, 113 ^m. 32 de longueur, et 40 ^m. de largeur ; la grande nef a 37 ^m. de hauteur (près de 3 ^m. de plus que Notre-Dame-de-Paris, et 12 ^m. 50 de largeur.)

SAINT-PIERRE-LE-GUILLARD.

Bourges possède en outre trois églises paroissiales, la première est l'église de Saint-Pierre-le-Guillard.

Cette église, du 13e. siècle, présentera de l'intérêt lorsque le zèle de son curé actuel l'aura débarrassée de tous les plâtras et des boiseries qui cachent ses colonnes. Elle est divisée en trois nefs, et une série de chapelles est construite entre les contreforts. — Un incendie du 16e. siècle a fait disparaître au nord le *triforium* qui faisait le tour de l'édifice. — La deuxième chapelle, à gauche, contient les restes du grand Cujas. Celle de la Vierge, au rond point, a reçu des vitraux de M. Thévenot, et un devant d'autel sculpté, restauré par M. Dumoutet.

Une bizarre légende se rattache à la fondation de cette église. On rapporte que son nom lui vient d'un certain juif appelé Guiald ou Guyard, lequel ayant entrepris une discussion religieuse avec St. Antoine de Padoue, fut vivement pressé de se convertir à la foi chrétienne. A bout d'arguments, l'hébreu répondit qu'il ne le ferait que s'il voyait sa mule adorer le Saint-Sacrement. Le saint ayant présenté l'hostie à l'animal, celui-ci s'agenouilla, et son maître, convaincu par ce miracle, se fit baptiser, et de ses deniers construisit l'église qui porte son nom. Cela se passait vers l'année 1220. Un tableau qu'on voit encore dans le temple consacre ce fait mémorable.

SAINT-BONNET.

Fondée en 1250, brûlée en 1487, reconstruite en 1510, cette église, débris mutilé, mérite encore d'être visitée, ne fût-ce que pour ses vitraux qui sont d'une grande beauté; ces vitraux sont du peintre Lescuyer, artiste dont le Berry s'honore. Ceux de la première chapelle à gauche représentent l'Assomption, et ceux de la troisième la Résurrection de J. C. Le vitrail de la quatrième chapelle offre une présentation de la famille des fondateurs. Dans le haut, la Passion; dans le bas trois fragments empruntés à une autre verrière. Sur le 6e. vitrail est une Présentation en partie détruite. Le 8e. vitrail très remarquable, contient la vie de saint Bruno; il fut donné par Laurence Fauconnier en 1544. Sur le 9e vitrail se voit l'histoire de saint Jean en trois tableaux, avec légende, et un fragment complétant la série des 12 apôtres avec ceux cités chapelle n°. 4.

Le vitrail de la 10e chapelle est un vitrail de présentation.

L'église St-Bonnet renferme plusieurs tableaux remarquables; entr'autres, dans la 5e chapelle, un très beau tableau du peintre berrichon Jean Boucher, dont nous avons déjà vu un St-Jean-Baptiste dans une des chapelles de la cathédrale. Le sujet est une éducation de la Vierge. Les draperies en sont larges et bien senties, les poses nobles et simples, les têtes pleines de dignité; l'ensemble est fort harmonieux. C'était sans un doute l'œuvre capitale du maître. — On voit dans la 2ᵉ chapelle une table de marbre noir, encaissée dans un cartouche orné des attributs de la peinture, et sur laquelle se lisent en lettres d'or les titres de diverses fondations de cet homme dont la générosité égalait le talent. C'est dans cette chapelle, fondée par lui, qu'il repose avec sa mère.

NOTRE DAME.

Cette église, autrefois désignée sous le vocable de saint Pierre-le-Marché, remonte primitivement à 1157. Elle périt entièrement dans l'incendie de 1487 et fut reconstruite en 1520 sur un plan des plus irréguliers. Sur sa façade, très étroite, s'élève une tour du XVIᵉ siècle, à quatre étages dont le dernier seul est ouvert. — Une porte d'entrée, à droite, du XVᵉ siècle, a été surmontée au XVIIᵉ d'une lourde arcature à colonnade.

En entrant par cette porte on trouve d'abord un très élégant bénitier en marbre, du XVIᵉ siècle. Sur un autel à gauche en entrant est un tableau attribué à Valentin, c'est une descente de croix. On y retrouve toutes les qualités vigoureuses de ce maître. Sous le même autel on a déposé la statue de sainte Jeanne de Valois, et à côté l'inscription sur cuivre qui était sur son tombeau, dans l'église de l'Annonciade fondée par elle.

Le rétable du grand autel est en marbre. — Une fenêtre à gauche a une verrerie du XVIe siècle qui représente la vie de saint Jean-Baptiste, en huit tableaux.

Le sommet de la tour de cette église, située dans les bas quartiers de la ville, atteint, dit-on, le niveau du perron de la cathédrale ; c'est un témoignage curieux de l'immense inclinaison de toute la partie septentrionale de la ville, ce que les piétons peuvent du reste constater à leurs dépens.

TEMPLE PROTESTANT.

Cet édifice, peu remarquable sous le rapport architectural, a été bâti en 1833, dans le style sec et froid de l'école gréco-romaine. Il sert d'oratoire aux calvinistes de Bourges dont on peut évaluer le nombre à une trentaine. Il se trouve aux abords de la ville et près la porte St-Ambroix. C'est une succursale de l'oratoire protestant d'Asnières, village situé à quelques kilomètres de la ville, faisant partie de la commune de Bourges et qui compte près de trois cents fidèles protestants.

HOTEL-DE-VILLE.

(HOTEL JACQUES-CŒUR.)

Après la vie religieuse, la vie civile, après l'Eglise, l'Hôtel-de-Ville, ces deux grands monuments sociaux du moyen-âge. Chacun d'eux résume l'existence de cette époque à son point de vue : l'un par les murmures de son clocher et les cantiques de ses chanoines, l'autre par les bruits de son beffroi et les discussions animées de ses notables.

Ce qui prête à l'Hôtel-de-Ville de Bourges plus d'intérêt encore, c'est qu'il offre une réunion de caractères qu'on n'est pas accoutumé de rencontrer souvent dans le même édifice. Selon qu'on considère son origine ou sa destination, il est triple, pour ainsi dire. — Fondé d'abord par Jacques-Cœur, l'argentier de Charles VII, qui en fit sa demeure, il n'est devenu l'Hôtel-de-Ville que bien plus tard, et a présenté encore assez de place pour qu'on crût pouvoir en convertir une partie en Palais de Justice. Ainsi la finance, la justice, l'administration municipale, s'y sont trouvées représentées tour à tour ou simultanément.

Le nom de Jacques-Cœur est un des plus grands noms de notre histoire et il se rattache à des souvenirs encore poignants, malgré l'intervalle des siècles. Ce grand financier dont les trésors contribuèrent, avec le dévouement d'une jeune fille, au salut de la France, et qui, par le négoce, avait ramassé de quoi mener la vie d'un prince, voulut avoir un hôtel digne de sa richesse. Il acheta donc en 1443 le fief de la Chaussée, comprenant deux grosses tours et situé sur les remparts de la ville. Ce fut sur cet espace qu'il construisit le magnifique édifice qui fait aujourd'hui l'admiration du voyageur.

Le plan en est très irrégulier, et sa position ainsi que la date de sa construction ont contribué à en faire aussi bien un château-fort qu'un hôtel. — Vu de la place Berry (anciens fossés de la ville), il présente à l'œil la façade nue d'une place forte flanquée de trois tours disposées pour soutenir les sièges et les attaques des gens de guerre; vu de la rue Jacques-Cœur ou de la cour, ce n'est plus que le domicile d'un riche bourgeois, avec une opulence d'ornements, une profusion de sculptures qui témoignent à la fois de la magnificence du fondateur et du talent de l'architecte. Cette façade se compose de deux ailes avec un pavillon au milieu, percé d'une fenêtre, autrefois fausse et qui n'a été débouchée qu'à une époque toute moderne. Cette fenêtre est surmontée elle-même d'un dais sculpté à dentelles, et sous lequel était une statue équestre qui a été brisée à la révolution. Les déchiquetures de ce baldaquin et les arabesques du cul-de-lampe sont d'une délicatesse infinie. Sur le derrière et dans la cour s'ouvre une fenêtre absolument pareille. Ces deux fenêtres servent à éclairer une petite chapelle remarquable par les peintures à fresque, dont sa voûte est couverte. Ces peintures représentent des anges revêtus de robes blanches, nageant sur un fond bleu semé d'étoiles d'or : leur pose est pleine de grâce. Ces peintures, au point de vue archéologique, sont de la plus haute importance.

Le pavillon est flanqué à gauche d'un clocheton nouvellement restauré, au bas duquel règne une balustrade le long de laquelle se lit évidée à jour la célèbre devise de Jacques Cœur :

A vaillans ♥♥ riens impossible.

Au milieu de la cour se trouve une tourelle polygonale qui sert de cage au grand escalier. Elle offre du haut en bas, dans l'intervalle de ses nombreuses fenêtres et dans des encadrements réguliers, une série de figures dont la plupart sont, dit-on, des portraits. Ces figures sont d'un jet très heureux et la pose en est pleine de bonhomie et de finesse. Outre cette tourelle, la cour en contient encore deux autres renfermant des escaliers plus petits, mais qui ne présentent pas le même intérêt.

Malgré les mutilations que ce monument a eu à souffrir à diverses époques, il offre encore, à l'admiration des visiteurs, un grand nombre de bas reliefs où sont représentés les sujets les plus divers et toujours appropriés à la destination des pièces qu'elles ornent. Des cheminées très curieuses et ornées de sculptures délicates, et des portes à doubles vantaux refaites il y a quelques années sur le modèle des anciennes.

Une partie de ses vitraux existent encore. Ils représentent deux figures, dont l'une porte le doigt à la bouche en signe de silence, et dont l'autre a des oreilles d'âne. Ces figures sont entourées de banderolles sur lesquelles ont lit plusieurs fois les mots: *En bouche close n'entre mouche; entendre; taire; dire et faire*, les amateurs de mystères ont voulu y trouver l'indice du goût de l'argentier pour les sciences occultes.

Il ne faut pas oublier à la façade de la rue les deux fausses fenêtres d'où sortent à mi-corps les deux serviteurs, dont chacun regarde une extrémité de la rue. Ce caprice de l'artiste a donné lieu aux interprétations les plus diverses.—Une galerie, ainsi que la salle des séances du conseil municipal, renferment une longue suite de portraits représentant les hommes célèbres du Berry.

L'hôtel a trois entrées, une sur la place Berry, qui communique de cette place à la cour intérieure par un couloir voûté, et deux autres sur la rue Jacques-Cœur, l'une plus petite, et l'autre, grande porte à vantaux dont nous avons parlé plus haut, se trouvent au-dessous des croisées de la chapelle. Ces portes, comme le reste, sont ornées de sculptures; car de quelque côté qu'on se tourne, l'œil rencontre la pierre taillée et modelée au caprice de l'homme. Partout, dans les plus petits détails, dans les moindres fleurons, sur les têtes de clous, se reproduisent les cœurs et les coquilles, emblèmes du maître.

Si remarquable que soit ce monument, il a cependant eu, surtout dans son intérieur, à souffrir du vandalisme de ses différents propriétaires : meneaux de fenêtres brisés, ouvertures bouchées, sculptures mutilées, dispositions intérieures bouleversées ; que de changements inintelligents ! que de regrets pour l'artiste !

Comme nous l'avons dit, c'est aujourd'hui l'hôtel-de-ville. « Ce monument, élevé par un bourgeois, dit l'historien du Berry (1), était destiné à devenir un jour l'hôtel même de la bourgeoisie. Vendu en 1501 par le petit-fils de Jacques Cœur, il passa successivement aux familles Turpin, Chambellan et de Laubépine, puis il appartint à un ministre de Louis XIV, enfant du peuple comme Jacques Cœur, le grand Colbert. En 1682 la ville de Bourges l'acheta de Colbert pour en faire la maison commune, et la fière devise : *A vaillans Cœurs riens impossible*, se trouva justifiée ; car, si dans cette grande œuvre de l'émancipation du tiers-état, beaucoup d'hommes, et des meilleurs, ont succombé à la peine, leur cause pourtant devait triompher un jour : elle avait pour elle le bon droit et l'avenir. »

Avant que l'hôtel-de-ville y eût été transporté, il avait occupé dans la rue de Paradis un local qui porte aujourd'hui le nom de Petit Collége. (V. *Petit Collége*.)

En attendant la construction prochaine d'un palais de justice indépendant, la Cour Royale et les Tribunaux civils et de commerce siégent dans le même hôtel.

(1) Histoire du Berry par M. Raynal, vol. III, livre 7, chap. 2.

HOTEL LALLEMAND.

Postérieurement à l'époque où Jacques Cœur faisait construire son magnifique hôtel, une famille célèbre de financiers, du nom de Lallemand, occupait, rue des Vieilles-Prisons, une maison charmante à laquelle ils ont donné leur nom. On peut la citer parmi ces habitations de la renaissance dont le marteau du démolisseur abat tous les jours quelques échantillons, et dont il ne restera plus, dans un avenir peu éloigné, si l'on n'y prend garde, que des débris et des regrets. Cette construction, qui est faite pour attirer l'attention de l'étranger, est un petit chef-d'œuvre de grâce et d'élégance. C'est un de ces monuments qui ne peuvent être décrits, tant l'artiste y a prodigué les merveilles de son art. La bijouterie la plus fine n'est pas ciselée plus finement que ne le sont les pierres de ce délicieux hôtel, embelli encore par une teinte qu'y a déposé le temps et qui rappelle le bronze florentin.

Les sœurs de la Sainte-Famille, consacrées à l'éducation des filles du peuple, montrent l'hôtel où les a logées la sollicitude municipale avec une extrême complaisance, et la modeste rétribution qu'elles reçoivent est employée à leurs bonnes œuvres. — Nous recommandons aux voyageurs cette œuvre charitable, et en même temps l'incrédulité pour la qualification de *Maison de Louis XI* donnée à l'hôtel d'un financier chez qui n'allait pas sans doute accoucher une reine de France qui avait à Bourges un beau et vaste palais, — surtout si on veut faire attention que Louis XI est né en 1423 et que l'hôtel est de la fin du XVIe siècle. — Cette raison nous dispense d'une plus ample discussion.

Après avoir, jusqu'en 1825, servi de demeure à un maître de grammaire, l'hôtel des Lallemand fut acheté par la ville, qui y installa les écoles des sœurs de la Ste-Famille, aussi nommées Sœurs Bleues à cause de la couleur de leur costume.

On y admire deux tourelles rondes d'une richesse et d'un luxe de sculpture délicieux. L'une d'elles, située dans la cour, est soutenue par une cariatide représentant un fol avec sa marotte ; des figurines et des médaillons de terre cuite, d'un beau travail, y existent également. Dans la salle d'étude est une cheminée aux armes de Louis XII et d'Anne de Bretagne ; enfin une petite chapelle dont le plafond est une merveille de sculpture.

L'hôtel, qui a deux entrées, l'une dans la rue de Bourbonnoux, l'autre dans la rue des Vieilles-Prisons, se compose de trois cours d'inégal niveau, et qui sont établies sur des caves immenses qui ne le cèdent en rien pour la beauté à ce que l'on peut voir de mieux dans ce genre.

A consulter la *Notice historique sur l'hôtel Lallemand*, par Chevalier de Saint-Amand ; in-8., chez Vermeil.

HOTEL CUJAS.

La finance, en employant les artistes à décorer les habitations, faisait un noble emploi de sa fortune ; la science ne pouvait pas déployer le même luxe ; aussi la maison du célèbre jurisconsulte Cujas ne peut guère se comparer au palais de l'argentier royal. Autant l'une se montre gracieuse et riche, autant l'autre est pauvre et d'austère apparence. Construit presqu'entièrement en briques, l'hôtel Cujas fut rebâti en 1515 par Guillaume Pellevoisin, architecte de la cathédrale, pour un Italien, Durante Salvi, qui était secrétaire du connétable de Bourbon. Les ornements n'y sont pas jetés à profusion ; mais on doit y remarquer, avec les deux tourelles en encorbellement qui sont de chaque côté de la porte d'entrée, une porte carrée, bouchée aujourd'hui, et dont les pilastres et la frise, chargés d'arabesques, sont d'un délicieux travail.

L'intérieur de la cour était orné primitivement de grisailles au milieu desquelles on a fait plus tard des ouvertures, ce qui, joint à la dégradation des fresques, ne permet guère d'en deviner le sujet.

Pas plus que les autres monuments de Bourges, cette maison n'a reçu une destination en rapport avec son origine : on en a fait la caserne de la gendarmerie.

PETIT COLLÉGE.

Ce bâtiment, construit en partie au 15e. siècle, est situé près du grand collége, rue de Paradis. C'était autrefois le prieuré de la comtale. Il fut plus tard destiné à servir de maison commune. En 1487 il devint la proie d'un incendie où les registres et les archives de la ville périrent entièrement. A la suite de cet évènement, un nouvel Hôtel-de-Ville fut reconstruit sur l'emplacement du premier. En 1682 cet édifice fut vendu à la famille de Champgrand. La même année l'acquéreur le revendit aux R.-P. Jésuites qui tenaient alors le collége Sainte-Marie. Ceux-ci le réunirent à leur établissement. En 1793 il devint propriété nationale : enfin la révolution de 1830 lui a rendu sa destination antérieure.

On remarque dans la cour une tourelle octogonale qui sert de cage à un escalier de pierre et toute couverte de sculptures. Par une fantaisie qu'on retrouve parfois dans les monuments de cette époque (V. Hôtel-de-Ville), cette tourelle, percée de fenêtres du haut en bas, en possède deux qui sont fausses et semblent entre ouvertes pour permettre à deux hallebardiers en relief d'y faire le guet nuit et jour. Dans une salle du rez-de-chaussée, servant de réfectoire, se voit une belle cheminée gothique, dont le manteau est couvert de moutons et de fleurs de lys, armes de la province du Berry. Ce bâtiment sert de succursale au grand collége.

Notice historique sur l'ancien Hôtel-de-Ville de Bourges, ornée d'une jolie vue de la tour: in-8., 1 f. 50, chez Vermeil.

PORTE SAINT-URSIN.

Portail d'architecture bysantine (XIe. siècle), extrait de l'église Saint-Ursin lors de sa démolition, et enclavé, près la porte Saint-Michel, en face de la caserne, dans un mur latéral de la Préfecture. Le tympan, contenu dans une archivolte cintrée, présente dans sa partie inférieure un calendrier antérieur à la réforme grégorienne. Les mois qui commencent à février sont représentés par les occupations agricoles qui y correspondent. Au centre et au-dessus se trouvent sculptées une chasse et la fable du *Loup* et de la *Cigogne*. Des compositions grotesques l'accompagnent. Ce monument porte le nom de son auteur ainsi : *Giravldus fecit istas portas.*

Nous mentionnerons en même temps une autre porte romane ornée de guillochis, qui se trouve encaissée dans les murs d'un jardin donnant sur la vieille rue Karolus, faubourg Bourbonnoux.

MAISONS REMARQUABLES.

On peut considérer comme spécimen de l'architecture domiciliaire, à Bourges, deux curieuses maisons situées, l'une rue des Toiles, l'autre rue Saint-Sulpice. Ces deux habitations sont occupées maintenant par des commerçants. La première, en pierre, date du XVe siècle. Elle offre une porte ogivale et sculptée d'un beau travail, et qui, par une bizarrerie de l'architecte, se présente de biais. — La deuxième, en bois, est une œuvre de pleine Renaissance (XVIe siècle). Elle est ornée à ses différents étages de grotesques fort curieux. Bourges, du reste, est peut-être une ville qui offre en ce genre le plus d'objets propres à attirer la curiosité de l'amateur. C'est une des villes où le marteau du démolisseur s'est encore le moins promené. Au plus, les façades se sont-elles modernisées. Mais les intérieurs ont peu changé; et, s'il était permis de pénétrer dans ces grandes maisons à pignons élevés qui bordent ses rues, on verrait des trésors enfouis, de magnifiques escaliers de pierre à balustrades de fer; des appartements vastes, aux plafonds ornés de poutres peintes; des sculptures qui se dérobent; de curieux débris d'architecture, et jusque dans les cours, des rangées de colonnes qui sont des chefs-d'œuvre.

ARCHEVÊCHÉ.

L'archevêché de Bourges se compose des départements du Cher et de l'Indre. Il contient 60 cures et 338 succursales. Son archevêque, qui prend le titre et de primat et de patriarche des Aquitaines, a six évêchés suffragants : Bourges, fondé au IIIe siècle, Clermont et Limoges à la même époque, le Puy au Ve, St-Flour et Tulle au XIVe.

Le palais archiépiscopal a été construit à deux époques différentes. On doit le corps de logis principal à Mgr. Phelypeaux de la Vrillière, 105e archevêque de Bourges, qui se proposait d'en faire un monument remarquable. Il se compose d'un pavillon contenant un magnifique escalier de pierre et les appartements d'honneur. Sa famille, mécontente de ce qu'elle appelait ses prodigalités, obtint contre lui une lettre de cachet qui lui interdit de continuer. Ce beau pavillon est de Bullent. L'autre partie des bâtiments est d'une date antérieure : elle n'est plus en rapport avec l'élégance du grand pavillon. — Ce palais est miné et contreminé. On appelle ces casemates les caves de St.-Guillaume.

Le jardin de l'Archevêché, ouvert tous les jours au public, est une des plus belles promenades qu'on puisse voir. Dessiné par Lenôtre, il possède une allée d'arbres d'une grande beauté conduisant à une esplanade en terrasse.

On remarque un obélisque en pierre, élevé à la mémoire du duc de Béthune-Chârost, membre de l'assemblée provinciale du Berry, gentilhomme distingué et devenu populaire dans la province, par sa bienfaisance. Louis XV disait de lui : « Regardez cet homme, il n'a pas grande apparence, et à lui seul il vivifie trois de mes provinces. » A sa mort arrivée en 1800, une souscription fut ouverte par M. de Luçay, Préfet du Cher, pour lui élever ce monument. On y grava l'inscription suivante :

Optimo. civi.	A l'excellent citoyen
Arm.-Jos. BETHUNE-CHAROST.	Arm.-Jos. BETHUNE-CHAROST,
Grati. Bituriges.	les Berrichons reconnaissants,
Anno. X. reip. fund.	l'an 10 de la république.

BIBLIOTHÈQUE.

La bibliothèque de la ville, qui contient près de 17,000 volumes, est placée dans plusieurs salles au rez-de-chaussée du palais archiépiscopal. Elle possède plusieurs manuscrits précieux et quelques éditions rares. Au rang des premiers sont une Bible in-folio du XIIIe siècle; un Digeste du XIIe et un Salluste de la même époque. Cette collection, dont l'origine remonte au XVIIe siècle, époque où M. Anne Lévis de Ventadour qui la fonda en faisant donation au chapitre de la cathédrale de tous ses livres, à condition que l'accès en serait permis à tous, à certains jours indiqués; cette collection, disons-nous, s'accrut à la Révolution de bibliothèques particulières et de celles des couvents détruits. Aussi les ouvrages de religion y sont-ils en majorité. — Tenue par un bibliothécaire en chef et un bibliothécaire adjoint, elle est ouverte au public depuis onze heures du matin jusqu'à trois heures, excepté les dimanches, les jours de fête et pendant les vacances.

MUSÉE.

Institué en 1834 par arrêté préfectoral, le Musée occupa d'abord une salle de l'Hôtel-de-Ville ; plus tard il fut transporté dans un bâtiment situé vis-à-vis la salle de spectacle, où il occupe une salle du rez-de-chaussée et quatre salles au premier étage.

Il possède un grand nombre d'objets du plus haut intérêt. Sa collection d'antiquités présente d'abord des vases étrusques, des urnes cinéraires, des tombeaux romains rapportés d'Italie par M. Dumoutet, sculpteur ; des amphores, des tuiles, des lampes, des lacrymatoires ; des débris de monuments, résultats de fouilles faites dans le département, et principalement au bourg galio-romain de Drevant ; six bustes d'empereurs romains en marbre ; des sculptures du moyen-âge provenant d'édifices abattus ; des statuettes tirées du tombeau du duc Jean ; des figurines de bronze, de terre cuite, d'ivoire de différentes époques. — Un riche médailler, rassemblé par les soins de M. le premier président Mater, offre, avec quelques monnaies égyptiennes, grecques, siciliennes, romaines, gauloises, des monuments numismatiques du moyen-âge, dont une série de monnaies de la province, des pièces monétaires étrangères de toutes époques, et enfin une collection de médailles d'or, d'argent et de bronze frappées pour conserver le souvenir d'événements importants. Outre cela, le Musée contient : 1° les bustes de Bourdaloue, La Thaumassière, du peintre Boucher, Sigaud de Lafond, MM. Mater et Mayet-Genetry; l'un premier président de la Cour royale, et l'autre maire de la ville (une partie de ces bustes sont de M. Dumoutet), et de quelques rois de France, avec une série de statuettes en plâtre, parmi lesquelles celles de Jacques Cœur et du comte de Montémolin, par M. J. Dumoutet; 2°. une galerie de tableaux, parmi lesquels on remarque une ancienne Annonciation, une Prédication de St. Jean-Baptiste, des toiles du Bourguignon, de Boucher et de M. Boichard, peintres berrichons, et quelques tableaux de genre, ainsi qu'une série de portraits des grands hommes du Berry; 3°. des dessins et gravures de Rembrandt, Vatteau et autres maîtres, auxquels il faut joindre de curieuses miniatures chinoises; 4°. des meubles de la plus grande beauté, des sculptures sur bois; des armures provenant des châteaux des environs; des vitraux gothiques; des faïences de Bernard de Palissy, etc.; 5° des collections ornithologique et ovologique; 6° une collection conchyliogolitique (coquillages), parmi lesquels quelques fossiles; 7°. une collection entomologique (insectes) entreprise par M. le premier président Mater; 8°. une collection minéralogique et géologique donnée par M. Fabre et M. Jaubert; un très-bel herbier du département, donné aussi par ce dernier. La plupart de ces curiosités sont, on le voit, le résultat de la générosité des habitants de Bourges. Nous mentionnerons encore une réduction de la Bastille, faite d'une pierre de cette forteresse; une réduction de la Sainte-Chapelle de Bourges, par un ouvrier du pays ; une réduction de la cathédrale, en liége, œuvre d'un jeune artiste du pays qui la termine en ce moment ; des machines ramenées à des proportions très-petites ; des éventails chinois ; des instruments de supplice des divers temps ; des armes de sauvages ; des pantoufles turques, et quelques autographes.

Le Musée est ouvert tous les jours, de 11 heures du matin à 5 heures du soir.

Lors de sa création, on y a adjoint une Commission d'antiquités, d'histoire et de statistique du département.

ARCHIVES.

Archives du département. — Elles sont établies dans plusieurs salles attenantes à l'hôtel de la Préfecture. On y a classé environ 60,000 liasses d'anciens titres et papiers et un grand nombre de registres terriers et autres provenant de 400 établissements ecclésiastiques supprimés ou de familles d'émigrés.

Les archives forment cinq divisions : la première comprend les papiers du bureau des finances du Berry, de l'intendance et de l'assemblée provinciale. — La 2ᵉ comprend les titres et papiers de l'Archevêché, des deux séminaires, des chapitres, cures, fabriques, prieurés, chapelles, vicairies, commanderies, hospices et aumôneries, des communautés d'hommes et de femmes, abbayes, couvents, etc., de l'ancienne Université de Bourges, du collége Ste-Marie; et enfin les titres des émigrés et condamnés politiques. — Dans la 3ᵉ se trouvent les registres de l'administration centrale du département et ceux des sept districts du département, Aubigny, St-Amand, Bourges, Châteaumeillant, Sancerre, Sancoins et Vierzon. — La 4ᵉ contient les délibérations de l'ancienne administration départementale. — Et la 5ᵉ les papiers des nouvelles préfectures, sous-préfectures, conseils départementaux et d'arrondissement, etc. Une salle spéciale est en outre affectée au dépôt des anciennes minutes d'environ 350 notaires qui ont exercé dans le département. Les plus anciennes datent du XVe siècle.

Les archives contiennent des cartulaires fort précieux, des sceaux très curieux et des chartes du plus haut intérêt remontant au XIIe siècle.

Une commission historique, dont l'archiviste fait partie, a été fondée en 1840 pour la garde et le maintien de ces précieux documents.

Les archives du département possèdent en outre une bibliothèque administrative et une autre bibliothèque où se trouve une collection complète du *Moniteur universel*, un riche missel enluminé, des ouvrages des premiers temps de l'imprimerie, des travaux paléographiques, statistiques, et autres.

Archives de la ville. — Elles occupent une galerie de l'hôtel Jacques-Cœur et renferment des documents très nombreux sur l'ancienne administration municipale. Transportées en désordre dans le local qu'elles occupent aujourd'hui, elles n'ont pas encore pu être remises complètement en ordre. Cependant ce travail avance, et sera terminé dans peu.

Archives judiciaires. — Elles comprennent le dépôt des papiers des anciennes juridictions de la province, et des tribunaux établis pendant la Révolution, ainsi que des greffes des cours et tribunaux actuels.

FONTAINE DE FER.

Cette fontaine ferrugineuse, dont le vrai nom est Fontaine Saint-Firmin, est située dans le faubourg Saint-Privé ; les propriétés médicales dont jouissent ses eaux ne furent reconnues qu'au commencement du 17e. siècle. A cette époque elles étaient réputées guérir la gravelle et la jaunisse. Devenue affaire de mode, elle était quelques années plus tard une promenade qui attira une affluence considérable ; c'est alors qu'elle fut entourée de murs. Elle occupe le centre d'une cour dallée. Sa forme est carrée. Dans les murailles qui forment l'enceinte de la cour, des niches ont été creusées pour recevoir les verres des buveurs. Une belle promenade de tilleuls s'étend à la suite et est cotoyée par les eaux de l'Yèvre. La Révolution dispersa la société d'élégants malades qui la fréquentaient. La vogue revint sous la Restauration ; mais jamais elle ne reprit son éclat d'autrefois. Elle est mal entretenue et les abords en sont désagréables. Des recherches récentes ont constaté que cette eau contenait de l'acide carbonique et du sulfate de chaux. Elle est d'un emploi avantageux dans les chloroses, les leuchorrées, et généralement toutes les maladies qui affectent les tempéraments faibles et lymphatiques. C'est vers le mois de juin environ que les eaux de cette fontaine atteignent le maximum de leur hauteur.

FONTAINE DE L'HOPITAL.

Elle se trouve au milieu de la promenade plantée d'arbres qui règne devant l'Hôpital. Elle a été construite dans l'état où elle est quelques années avant la Révolution. Son eau est d'une grande pureté et très recherchée.

BUTTE D'ARCHELÉ.

Monticule couronné d'arbres qui s'élève derrière le cimetière Saint-Lazare. On pense que cette éminence est un *tumulus* gallo-romain. On avait cru y trouver le tombeau d'un certain Archélaüs, fils d'Hérode-le-Grand, roi de Judée, et son successeur, lequel fut exilé en Gaule l'an 7 après J.-C. Des travaux d'exploration furent faits dans le but de reconnaître ce fait, que rien ne vint constater.

On jouit de cette hauteur d'un joli point de vue de la ville.

GROTTE DE SAINTE-BLANDINE.

Cachot souterrain d'une ancienne prison canoniale, située près de l'ancienne église du Château, faubourg Bourbonnoux. Une chapelle de sainte Blandine, martyre du Berry, qui existait auprès, lui a donné son nom. Avant la révolution, cette grotte était, le mardi-gras, le but d'un pèlerinage. Elle est enclavée aujourd'hui dans l'habitation d'un jardinier dont la maison borde la route de Bourges à Nevers,

PROMENADES.

Bourges est une des villes les mieux avantagées sous le rapport de ses promenades. Outre le jardin de l'Archevêché, il possède une ceinture de remparts plantés d'arbres qui, l'été, sont très fréquentés. A un endroit voisin de la porte Saint-Ambroix, les deux rangées de peupliers qui bordent le rempart du Pré-Fichau s'écartent, et forment une enceinte pleine de fraîcheur qu'on appelle vulgairement la *Demi-Lune*, ou plutôt *Cours Beauvoir*, du nom du maire auquel on la doit. — Dans l'intérieur de la ville, quatre places plantées de tilleuls forment des lieux de repos. Ce sont les places St-Pierre-le-Puellier, Clamecy, St-Jean et Saint-Ursin. Hors des murs, il en est quelques autres, telles que la place St-Louis, la place des Maronniers. Mais il en est une surtout qu'il faut citer, car elle est la plus importante de toutes et sert, dans la belle saison, de rendez-vous à la haute société. Ce superbe mail, dont la longueur est de 425 m. sur 80 de large, fut construite et plantée en 1697 par M. de Séraucourt, intendant de la généralité de Berry. Elle présente sept allées d'arbres magnifiques dont la principale a 15 mètres de largeur. C'est dans cette allée qu'ont lieu les revues de la garnison et de la garde nationale.

CANAL DU BERRY.

Il relie le Cher à la Loire, et a pour but d'éviter les inconvénients que la Loire présente dans une partie de son cours, à certaines époques, pour la navigation. Les États-Généraux assemblés à Tours en 1484 énoncèrent le vœu de la confection d'un canal en Berry. Les deux siècles qui suivirent approuvèrent cette idée. Sully et Colbert pensèrent que la province ne pouvait être vivifiée que par un canal qui irait se perdre d'un côté dans le Cher, de l'autre dans l'Allier. Peu d'années avant la Révolution, l'Assemblée Provinciale du Berry reprit la question et l'agita dans plusieurs de ses séances. Les tumultes de la Révolution en détournèrent un instant les regards. Le projet dont l'empire s'était occupé fut repris sous la Restauration, et le système du canal actuellement existant fut fixé par une ordonnance du 14 août 1822. Il se compose de trois branches qui se réunissent en un seul point près de Rhimbé. L'une, dont la longueur totale est de 49,145 mètres, communique au canal latéral à la Loire en suivant la vallée de l'Aubois ; l'autre, qui est de 202,652 mètres, aboutit à la Loire, en amont de Tours, par Bourges et Vierzon. La troisième branche, qui compte 66,386 mètres, remonte jusqu'à Montluçon par Saint-Amand, en suivant les vallées de la Marmande et du Cher. Ces trois branches mettent le centre en communication avec Marseille, Strasbourg et Nantes. La destination la plus importante de ce canal est d'ouvrir sur le Nord un débouché aux houilles de Montluçon, aux minerais de fer abondants dans le département du Cher, aux fers et fontes de ses usines, à ses grains, ses fourrages et ses vins. Les principaux objets d'importation pour les contrées qu'il traverse sont le sel, l'ardoise, le plâtre, les denrées coloniales et celles du Midi, ainsi que divers produits manufacturiers.

Les chemins de halage, qui le bordent dans une largeur d'à peu près 3 mètres, sont plantés sur toute sa longueur de beaux peupliers qui en font de charmantes promenades. Nous signalerons dans ce genre celle qui se prolonge du bassin du canal au moulin Bastard [1].

HOTELS.

Les hôtels destinés à recevoir les voyageurs, sont assez nombreux; nous allons indiquer les principaux :

Hôtel *du Bœuf*, rue Bourbonnoux.
Hôtel *de la Boule-d'Or*, rue Saint-Bonnet;
Hôtel *de l'Espérance*, rue Saint-Sulpice;
Hôtel *de France*, rue d'Auron;
Hôtel *de la Poste*, rue et quai d'Auron.

---

[1] Pour plus de renseignements, consulter la *Notice historique, administrative et commerciale sur le Canal de Berry*, avec cartes et profils; in-8, 1 f. 50, chez Vermeil.

TABLE.

	Pages.
Préface	I
Notice historique sur la ville de Bourges	4
Églises. — La cathédrale	25
— — Saint-Pierre-le-Guillard	45
— — Saint-Bonnet	46
— — Notre-Dame	47
Temple protestant	48
Hôtel Jacques-Cœur	49
— Lallemand	54
— Cujas	56
Petit-Collége	57

TABLE.

Porte Saint-Ursin	58
Maisons remarquables	59
Archevêché	60
Bibliothèque	62
Musée départemental	63
Archives	66
Fontaine de fer	68
Fontaine de l'hôpital	69
Butte d'Archelé	69
Grotte de Sainte-Blandine	69
Promenades	70
Canal du Berry	71
Hôtels	72

Bourges, Imp. de Jollet-Sorchois.

LIBRAIRIE DE VERMEIL, A BOURGES.

HISTOIRE DU BERRY,

Depuis les temps les plus anciens jusqu'en 1789,

PAR M. LOUIS RAYNAL,

Premier Avocat-Général à la Cour Royale de Bourges,

4 FORTS VOLUMES IN-8°,

Ornés d'un grand nombre de Cartes, Plans, Sceaux et Armoiries.

PRIX : QUARANTE FRANCS.

Ouvrage qui a reçu, dans la séance annuelle de l'Académie des Inscriptions et Belles-Lettres, du 20 juillet 1847, le grand Prix fondé par M. le baron GOBERT, pour l'ouvrage le plus savant publié dans l'année sur l'histoire de France.

MISE EN VENTE DU 1er. JUIN 1847.

CARTE

TOPOGRAPHIQUE, ROUTIÈRE, ADMINISTRATIVE

DU DÉPARTEMENT DU CHER,

Dressée en conformité de la délibération du Conseil-Général du 29 août 1841,

Sous l'administration de M. le Baron RENAULDON, *Préfet du Cher,*

Par M. LEUDIÈRES DE LONGCHAMPS,

Géomètre en chef du Cadastre :

A l'échelle de 1 à 100 mille, sur 2 feuilles grand-aigle, tirée en noir, 20 fr.;

Coloriée par cantons, avec les délimitations par communes, 25 fr.;

La même Carte, réduite à l'échelle de 1 à 200 mille, coloriée, sur jésus, 6 fr.;

La même, tirée en noir, 5 fr.;

La même, réduite à l'échelle de 1 à 500 mille, coloriée, 1 fr.; en noir, 75 c.

MONOGRAPHIE

DE LA

Cathédrale de Bourges,

PAR LES PP. ARTHUR MARTIN ET CHARLES CAHIER,
De la Compagnie de Jésus.

1re. PARTIE. — VITRAUX DU XIIIe. SIÈCLE.

La magnificence de l'exécution artistique peut seule entrer en parallèle avec l'érudition profonde déployée dans cette savante description. Aussi ce monument, élevé au 13e siècle, restera-t-il pendant long-temps le chef-d'œuvre typographique de notre époque. Cette publication forme un volume de 232 feuilles in-plano de jésus, dont 75 imprimées en couleurs, et 320 pages de texte.

Prix. . . . . 500 f.
Le même, texte complet, mais borné aux 33
    planches nécessaires 300

VUE DE LA FACADE
DE LA CATHÉDRALE
DE BOURGES,

Dessinée d'après nature par Chapuy; superbe gravure sur cuivre, par Ransonnette, de 45 sur 65 centimètres. Prix : 5 fr.

La même vue, dessinée par Chapuy, lithographiée par Deroy, magnifique lithographie à deux teintes, de 40 cent. de hauteur sur 27 de largeur. Prix : 3 fr.

La même vue, dessinée par Chapuy, lithographiée par Deroy, charmant dessin de 30 cent. de hauteur sur 20 cent. Prix : 1 f. 50; sur papier de Chine, 3 fr.

INTÉRIEUR DE LA CATHÉDRALE DE BOURGES, dessiné d'après nature par Dumouza, lithographié par Bachelier, magnifique lithographie à deux teintes, de 40 c. de hauteur sur 28 de largeur. Prix : 5 fr.

DÉTAIL DU PORTAIL DE LA CATHÉDRALE DE BOURGES (côté méridional), dessiné par Chapuy, gravé sur cuivre par Durand, de 35 cent. de hauteur sur 25 de largeur. Prix : 2 f. 50

COLONNES ET SUPPORTS DE LA CATHÉDRALE DE BOURGES, dessinés par Chapuy, lithographiés par Asselineau, de 37 cent. sur 22. Prix : 1 fr. 25

PLAN ARCHITECTONIQUE DE LA CATHÉDRALE DE BOURGES, dessiné par Chapuy et gravé sur cuivre par Millet, de 30 cent. de hauteur sur 20 cent. de largeur. Prix : 50 c.

JACQUES COEUR,

Commerçant, Maître des Monnaies, Argentier du roi Charles VII, par le baron Trouvé;
1 beau vol. in-8°, 7 fr.

VUE DE L'HOTEL JACQUES-COEUR,

Dessinée d'après nature par Chapuy, lithographiée par Bachelier, charmante lithographie à deux teintes, de 40 cent. de hauteur sur 28 de largeur.

Prix : 3 Francs.

La même Vue, par Chapuy et Deroy, de 25 cent. de largeur sur 20 cent. de hauteur.

Prix : 1 fr. 50.

VUE DU CHATEAU DE MEILLANT,

Dessinée d'après nature par Chapuy, lithographiée à deux teintes par Bichebois et Fichot, de 40 cent. de hauteur sur 28 cent. de largeur.

Prix : 3 Francs.

MÉMOIRE HISTORIQUE SUR LE BERRY,

Et particulièrement sur quelques chateaux du département du Cher, par M. *P.-J. de Bengy-Puyvallée,* député de la noblesse aux états-généraux de 1789; 1 vol. in-8°, 2 fr. 50.

Notice historique sur l'hôtel **LALLEMAND**, à Bourges,

Par Chevalier de Saint-Amand;
In-8°. Prix : 50 c.

Histoire du Berry,

PAR le père LABBE,

Suivie de Lettres inédites des rois de France aux habitants de Bourges,

ET D'UNE

Notice historique sur l'ancien hôtel-de-ville de Bourges,

Ornée d'une Gravure de cet Édifice

ET DU PLAN DE BOURGES, DE N. DE FER, 1705;

In-8°., 1 fr. 50.

Relations du Siége de Sancerre en 1573,

PAR JEAN DE LA GESSÉE ET JEAN DE LÉRY;

SUIVIES

De diverses Pièces Historiques relatives à la même ville,

ACCOMPAGNÉES

D'UNE CARTE DRESSÉE POUR LA LECTURE DU SIÉGE;

1 vol. in-8°. — Prix : 6 fr.

RECHERCHES HISTORIQUES

SUR

Saint-Amand-Montrond,

Par M. CHEVALIER DE SAINT-AMAND;

Suivies de Documents Historiques sur la même ville;

1 vol. in-8°. — *Prix :* 4 fr.

MÉMOIRE

SUR

LA GÉNÉRALITÉ DE BOURGES,

Dressé par ordre du duc de Bourgogne, en 1697,

Par M. Louis-François DEY DE SÉRAUCOURT,

Intendant de la province du Berry;

Imprimé sous la direction de M. le baron DE GIRARDOT, conseiller de Préfecture du Cher.

1 vol. in-8°., 4 fr.

ESSAI HISTORIQUE

SUR LES

ASSEMBLÉES PROVINCIALES,

ET EN PARTICULIER

SUR CELLE DU BERRY,

Par M. le baron DE GIRARDOT.

1 vol. in-8°, 7 f. 50.

Département du CHER.

GÉOGRAPHIE DÉPARTEMENTALE,
CLASSIQUE ET ADMINISTRATIVE
DE LA FRANCE,

COMPRENANT

La topographie physique et politique, l'administration, la statistique, l'industrie et le commerce, l'histoire, la biographie, l'archéologie et la bibliographie de chaque département ou province coloniale, en un seul fort volume indépendant de la collection complète;

SUIVIE

D'UN DICTIONNAIRE DESCRIPTIF

De toutes les Communes et Localités remarquables du département,

ET ACCOMPAGNÉE

D'UNE CARTE SPÉCIALE

Revue avec soin sur les documents officiels les plus récents :

PUBLIÉE SOUS LA DIRECTION

DE M. BADIN,

Directeur de l'École normale primaire de l'Yonne,

ET DE M. QUANTIN,

Archiviste du département de l'Yonne, correspondant du ministère de l'instruction publique pour les travaux historiques.

Un vol. in-12; Prix : 1 fr. 50.

STATISTIQUE
DU DÉPARTEMENT DU CHER,
Par M. P.-A. BUTET,
Inspecteur des Contributions directes et du Cadastre, etc.;
1 fort vol. in-8° de près de 500 pages, 6 fr.

MÉMOIRE
POUR SERVIR A LA STATISTIQUE
DU DÉPARTEMENT DU CHER,
Contenant la Description physique du département du Cher et des considérations géologiques sur le mode de formation des terrains métazoïques,
Par M. FABRE,
ancien ingénieur-vérificateur du Cadastre,
Avec une Carte géologique du Berry (Cher et Indre);
Un vol. in-8°. — 4 fr.

FLEUVES, RIVIÈRES ET RUISSEAUX
Du département du Cher,
(STATISTIQUE),
PAR M. MICHEL,
Chef du premier bureau de la Préfecture du Cher;
In-8°. — 1 f. 50.

QUELQUES RENSEIGNEMENTS
Sur l'état et les Productions des Forges du Berry,
PAR M. GALLICHER;
In-8°. — 3 fr.

NOTICE

HISTORIQUE, ADMINISTRATIVE ET COMMERCIALE

SUR LE CANAL DU BERRY,

AVEC LA CARTE DES 3 BRANCHES DE CE CANAL

ET LES DISTANCES EN MYRIAMÈTRES

De leur point de partage à l'extrémité de chacune d'elles.

*Le plan profil de ce grand ouvrage,
donnant toutes ses écluses et la hauteur de leur chute ;*

In-8°. — 1 f. 50.

Bourges, Imp. et Lith. de Jollet-Souchois.

www.ingramcontent.com/pod-product-compliance
Lightning Source LLC
LaVergne TN
LVHW050634090426
835512LV00007B/853